THE PRESENTATION
SECRETS
OF STEVE JOBS

乔布斯的魔力演讲

［美］卡迈恩·加洛（Carmine Gallo）◎著
葛志福◎译

中信出版集团·CHINACITICPRESS·北京

图书在版编目（CIP）数据

乔布斯的魔力演讲 /（美）加洛著；葛志福译 .—3 版 .—北京：中信出版社，2015.6（2025.8 重印）
书名原文：The Presentation Secrets of Steve Jobs : How to Be Insanely Great In Front of Any Audience
ISBN 978-7-5086-5124-8

I. 乔… II. ①加… ②葛… III. 演讲–语言艺术 IV. H019

中国版本图书馆 CIP 数据核字（2015）第 076953 号

Carmine Gallo
The Presentation Secrets of Steve Jobs: How to Be Insanely Great In Front of Any Audience
ISBN: 0-07-163608-0
Copyright©2010 by McGraw-Hill Education

All rights reserved. No part of this publication may be reproduced or transmitted in any form or by any means, electronic or mechanical, including without limitation photocopying, recording, taping, or any database, information or retrieval system, without the prior written permission of the publisher.

This authorized Chinese translation edition is jointly published by McGraw-Hill Education and CITIC Press Corporation. This edition is authorized for sale in the People's Republic of China only, excluding Hong Kong, Macao SAR and Taiwan.

Copyright©2015 by McGraw-Hill Education and CITIC Press Corporation

版权所有。未经出版人事先书面许可，对本出版物的任何部分不得以任何方式或途径复制或传播，包括但不限于复印、录制、录音，或通过任何数据库、信息或可检索的系统。
本授权中文简体字翻译版由麦格劳–希尔（亚洲）教育出版公司和中信出版社合作出版。
此版本经授权仅限在中华人民共和国境内（不包括香港特别行政区、澳门特别行政区和台湾）销售。
版权 2015 由麦格劳–希尔（亚洲）教育出版公司与中信出版社所有。
本封面贴有 McGraw-Hill 公司防伪标签，无标签者不得销售。
北京市版权局著作权合同登记号：01–2009–6523

乔布斯的魔力演讲

著　　者：[美] 卡迈恩·加洛
译　　者：葛志福
策划推广：中信出版社（CITIC Press Corporation）
出版发行：中信出版集团股份有限公司
　　　　　（北京市朝阳区东三环北路 27 号嘉铭中心　邮编 100020）
　　　　　（CITIC Publishing Group）
承　印　者：河北鹏润印刷有限公司

开　　本：787mm×1092mm　1/16　　印　张：16.75　　字　数：240 千字
版　　次：2015 年 6 月第 3 版　　　　印　次：2025 年 8 月第 39 次印刷
京权图字：01–2009–6523
书　　号：ISBN 978-7-5086-5124-8 / H·14
定　　价：39.00 元

版权所有·侵权必究
凡购本社图书，如有缺页、倒页、脱页，由发行公司负责退换。
服务热线：010–84849555　　服务传真：010–84849000
投稿邮箱：author@citicpub.com

献给我的父亲佛朗哥，他拥有非凡的一生，品德高尚。

目录

The Presentation Secrets of Steve Jobs

推荐序　会演讲的人成功的机会多两倍 /VII
序言　任何场合，你的演讲都可以精彩绝伦 /IX

第一幕　创作动人故事

第1场｜用纸笔策划 / 5
第2场｜回答最重要的问题 / 19
第3场｜培养救世主般的使命感 / 29
第4场｜使用短标题 / 41
第5场｜画一幅路线图 / 51
第6场｜让"大坏蛋"出场 / 65
第7场｜让常胜的英雄出场 / 77
第一次幕间休息｜遵守10分钟规则 / 85

第二幕　制造现场体验

第8场｜简化一切 / 91
第9场｜精心"装扮"数字 / 109
第10场｜使用"超酷"的词汇 / 117

乔布斯的魔力演讲
The Presentation Secrets of Steve Jobs

第 11 场 | 分享舞台 / 131

第 12 场 | 用道具辅助演讲 / 141

第 13 场 | 创造让观众"欢呼"的时刻 / 155

第二次幕间休息 | 席勒的演讲毫不逊色 / 165

第三幕　改进和排练

第 14 场 | 大师级的舞台风范 / 173

第 15 场 | 让演讲看起来轻松自如 / 185

第 16 场 | 得体的舞台服装 / 201

第 17 场 | 扔掉演讲稿 / 205

第 18 场 | 享受演讲的乐趣 / 213

尾声 / 221

致谢 / 225

附录 / 227

The Presentation Secrets of Steve Jobs

推荐序

会演讲的人成功的机会多两倍

在我从事教学和演讲工作的这些年里，经常被学生或听众问到的一个问题是："你能不能推荐一本如何做演讲的书给我？我想要一本最好用的，最立竿见影的。""对你的人生影响最大的一本书是什么"，这种问题其实很难回答。这些提问者简单地、偷懒地相信，是某一本神奇的书改变了一个人的一生，或者是造就了他的某种能力。而生活的真相是，改变或造就了一个人的，至少是好几百本谈不上神奇但确实很不错的书。

由于天生的恶趣味，我和很多热爱吹牛的人一样，喜欢假装"台上两小时，台下没用功"，让人觉得我的演讲能力是天生的。但随着年龄的增长，我不能再从这种幼稚的做法里获得多少快感了，所以我打算从今年开始，陆续推荐一些在我学习演讲的过程中使我受益的书，给那些渴望提升自己的演讲能力的人。

在当代的商业领袖中，史蒂夫·乔布斯可能是最伟大的一个演讲者了，说他是演讲大师也不为过。在他去世之前，苹果公司的新产品发布会，几乎每次都是由乔布斯一个人别着个领夹式麦克在台上唱独角戏。乔布斯领导的苹果公司从来不会像有的企业那样，找一堆基本上没穿衣服的美女来给这种活动充场面。但这个精力充沛、意志坚定的五十来岁的老头儿的演讲，远比那些半裸女人满场乱窜的活动更受欢迎，其受追捧的程度甚至可以和摇滚歌星的演唱会相媲美。

我从六七年前开始，就系统地观看、研究和学习乔布斯的演讲了，他的每一场演讲我都烂熟于胸。但这本由美国专栏作家、演讲培训师卡迈恩·加洛撰写的《乔布斯的魔力演讲》仍然让我很受启发。因为他从演讲这一门学问的基本原理出发，对乔布斯的大量演讲实例进行了分析、归纳和总结（尽管其中的个别理念有些教条）。对学习演讲的人来说，这会让你知道，你观看乔布斯演讲时感觉到的那些精彩的部分"为什么精彩"，从而使模仿和学习优秀的演讲在很大程度上具有了可操作性（即便你的演讲天分不是很好）。

以前有一本书名叫"会演讲的人成功的机会多两倍"，如果这句话能让你产生某种共鸣，你可能就要想个办法来解决你不会演讲的问题了。如果你想解决你不会演讲的问题，我向你推荐这本《乔布斯的魔力演讲》。

罗永浩
2011 年 10 月

The Presentation Secrets
of Steve Jobs

序言

任何场合，你的演讲都可以精彩绝伦

> 你可以想到史上最伟大的创意，它与众不同、别出心裁，但是如果你不能说服其他人理解、接受你的想法，那一切都毫无意义。
>
> ——格雷戈里·伯恩斯（Gregory Berns）

史蒂夫·乔布斯是全球舞台上最能虏获人心的演讲大师。没有谁的演讲能媲美他的水平。乔氏演讲仿佛能把多巴胺直接注入观众的大脑，让他们兴奋异常。为了听一场他的演讲，有些人不远万里、翻山越岭地赶来，甚至在寒风中彻夜排队，只是为了获得一个最好的座位。如果不能如愿，他们往往会十分沮丧。乔氏演讲就是如此有魅力，要不然你怎样解释当乔布斯即将缺席一场一直由他演讲的活动时，有些粉丝甚至威胁要游行示威的行为？这种事真的发生过，就在苹果公司宣布乔布斯将不能在2009年的Macworld大会（由美国国际数据集团创办，是专门面向苹果系统平台的行业展会及会议）上发表俨然已经成为传统的主题演讲时，这种事就真的发生了一次。（苹果公司同时还宣布，这将是该公司最后一次参加由美国国际数据集团在波士顿主办的年度商业展会了。）

乔布斯的魔力演讲
The Presentation Secrets of Steve Jobs

代替这位传奇演讲大师出场的，是苹果公司副总裁菲尔·席勒（Phil Schiller）。虽然演讲效果不可能完全达到观众的预期，但是席勒表现得也很好，令人钦佩，而这恰恰是因为他使用了很多乔布斯惯用的技巧。但不管怎么样，人们依然怀念乔布斯。一位名叫乔恩·福特的记者就此事写道："第一代叛逆的天才们发明了个人电脑，促进了互联网的商业化，他们的公司也成为一个时代的发电厂；而现在，他们的时代结束了。"

每一场乔氏演讲都是一次非凡的体验，但他并不是经常演讲。尽管苹果公司的粉丝、投资者和顾客们都希望在苹果公司的各种活动中能看见乔布斯，但是自从2009年他缺席Macworld大会，苹果公司宣布退出这一展会之后，人们能够目睹这位大师展示自己精心磨炼30多年的演讲艺术的机会很可能会越来越少。[①]现在读者手里的这本书，囊括了乔布斯演讲的精华，并且第一次向读者展示了他打动观众的技巧。通过本书，你可以学习、借鉴乔布斯的技巧，让观众为你而倾倒，给他们难以忘怀的体验。

看一场Macworld大会的主题演讲（苹果Mac系列产品的忠实用户也称之为"史蒂夫简报"），你就会开始重新审视你现在做的演讲的方方面面：讲什么、怎么讲以及当你讲出来时观众的反应。我在美国《商业周刊》网站BusinessWeek.com上有一个关于乔布斯和他的演讲艺术的专栏。这个专栏在全球范围内迅速受到追捧（丹尼尔·莱昂斯，也就是"假史蒂夫·乔布斯"，甚至特意介绍过这个专栏）。不管是不是苹果产品的用户，大家都很喜欢这个专栏，因为他们都想改进展示自己以及自己想法的方式。只有极少数读者曾经见过乔布斯本人，还有一些人在线看过乔布斯的演讲，但是绝大多数读者都从未听过他的演讲。读者们从这个专栏学到的东西大大地开阔了他们的视野，很多人甚至开始重新学习演讲技巧。

在学习本书将要向大家展示的演讲技巧时，请使用YouTube视频网站

[①] 乔布斯在因病请假半年后，于2009年6月重返工作岗位，并于2009年9月10日举行的产品发布会上发表主题演讲。消瘦的乔布斯出场时，观众全体起立长时间热烈鼓掌，很多人热泪盈眶。——译者注

作为辅助工具。在我写作本书的时候，YouTube上有超过3.5万段关于乔布斯的视频，远超其他著名的首席执行官，包括维珍集团的理查德·布兰森（Richard Branson），他有1 000段，微软公司的史蒂夫·鲍尔默（Steve Ballmer）有940段，通用电气公司的杰克·韦尔奇（Jack Welch）只有175段。就我们要学习的演讲技巧而言，YouTube为我们提供了一个难得的机会，使我们能仔细了解一个人的方方面面，学习那些使他们成功的技巧，并且观察这些技巧在实战中的应用。

你会看到，乔布斯就像一位颇具魔力的"推销员"。他似乎天生有一种能力，使他能够把自己的观念"推销出去"，从而把观望者变成顾客，再把顾客变成忠实的粉丝，进而自愿成为苹果公司的义务推销员，向这个世界传播"苹果的福音"。乔布斯拥有一种"魅力"。德国社会学家马克斯·韦伯（Max Weber）这样定义"魅力"一词："魅力是个性的某种特质，这种特质把某些人和普通人区分开来，也正是这种特质使我们认为这类人具有超自然的、超人类的或至少是异常杰出的能力或品质。"乔布斯的狂热粉丝的确已经把他推上了神坛。但是韦伯搞错了一件事，即他认为"魅力"是"普通人不能拥有的"。事实上，一旦你精确地掌握了乔布斯设计、展现他的演讲技巧的方法，你将意识到你也可以拥有这种所谓的"超能力"。你只需运用一些乔布斯的演讲技巧，就能让你的演讲在每天发生的无数次平庸的演讲中脱颖而出。相比之下，你的竞争对手和同事则会显得相当业余。

演讲设计大师南希·杜瓦特（Nancy Duarte）在她的著作《幻灯片的学问》（*Slide:ology*）中写道："演讲已经成为标准的商业交流工具，公司顺利初创、产品成功发布、环境得到应有的保护等都可能和演讲的质量相关。同样，一个创意、一项事业，甚至是整个职业生涯都可能因无效的交流而毁于一旦。世界各地每天都在发生着无数的演讲，但其中只有小部分讲得还行。"

杜瓦特把美国前副总统阿尔·戈尔（Al Gore）的幻灯片转换成了获奖纪录片《难以忽视的真相》（*An Inconvenient Truth*）。阿尔·戈尔也是苹果公司的董事。和戈尔一样，乔布斯的演讲也给人醍醐灌顶般的体验。但是与把一场著名演讲重复上千遍的戈尔不一样的是，自从 1984 年推出麦金塔电脑以来，乔布斯不停地向世界奉献了一场又一场独特且令人叹为观止的精彩演讲。事实上，他在麦金塔电脑发布会上的演讲至今仍然算得上全美历史上最激动人心的演讲之一。乔布斯居然能够在首次发布麦金塔电脑之后的 25 年间不断提高自己的演讲水平，这真的令我感到非常惊讶，因为 1984 年的那场演讲是我们这个时代最好的演讲之一，很难被超越。但不管怎样，乔布斯在 2007 年、2008 年 Macworld 大会上的演讲还是超越了以往，成为他最优秀的演讲。他将自己掌握的关于跟观众沟通的全部知识综合起来，创造了很多令人难忘的瞬间。

现在说点儿令人沮丧的事：你要把自己的演讲跟史蒂夫·乔布斯的做一番比较。他会把那些笨拙、枯燥、无聊而冗长的幻灯片展示转变成了一幕完整的戏剧——有英雄、有坏蛋、有各种配角和壮美的场景。观众第一次现场体验乔氏演讲后总会把整个过程描述成一种非凡的体验。在一篇发表在《洛杉矶时报》上的关于乔布斯因病休假的文章中，迈克尔·希尔兹克（Michael Hiltzik）写道："没有哪一位美国的首席执行官能像乔布斯这样被人们将其与公司的成功紧紧联系在一起……乔布斯是苹果公司的领航者和宣讲员。如果你想知道什么叫'宣讲员'，可以看看 2001 年 10 月第一代苹果 iPod 播放器发布会上乔布斯的演讲。乔布斯对于'剧情'的控制能力令人惊叹。最近我在 YouTube 上观看那次演讲时，仍然异常激动，尽管我早已知道'故事'的结局。"乔布斯是商界的老虎伍兹，为其他人树立了学习的榜样。

下面说点儿让你高兴的事情。你能够在乔布斯的演讲中识别出他所使用的技巧，并且应用这些技巧让你的观众惊讶得"从座位上站起来"。充分研究并借鉴乔布斯的演讲技巧，能够帮助你打造属于自己的伟大演讲，使你从此掌握一种推销自己想法的工具，其说服力之强大，会超乎你的想象。

你可以把本书当作走向成功演讲的指南。当你想要传递你的服务、产品、公司或其他事业背后的价值时，本书几乎相当于乔布斯本人手把手地指导你。不管你是打算发布一款新产品的首席执行官、寻找投资的创业者、拼业绩的专业销售人员，还是向一班学生传道、授业、解惑的老师，都能从乔布斯身上学到一些东西。大多数专业人士只是以演讲的形式传递信息，而乔布斯不是。一场乔氏演讲意在创造一种体验——"超脱现实场"，让观众深感敬畏，有醍醐灌顶之感，兴奋异常。

继续前进

> 一旦你向前迈了一步，你的行动能否取得预想的效果就取决于你通过语言或文字与他人交流的能力。
>
> ——彼得·德鲁克

经常被用来形容史蒂夫·乔布斯的词语，包括"令人难以抗拒的""有魔力的""最能虏获人心的"和"魅力非凡"等。但一些与他的人际交往风格相关的说辞，就不那么好了。乔布斯是一个复杂的人，他能够创造出非凡的产品，拥有无数忠心耿耿的追随者，但有时也能把人吓得不轻。他是一个充满激情的完美主义者，极具想象力和远见，这两个特点相结合使他成了一件易燃易爆的危险品：一旦事物不以他认同的方式发展，他瞬间就会大发雷霆。本书并不打算谈及乔布斯的一切。本书既不是他本人的传记，也不是苹果公司的历史。本书写的不是商界的"乔布斯"，而是演讲界的"乔布斯"。尽管本书能够帮你做更有说服力的演讲，但是关于演讲艺术的话题还是留给那些将毕生精力都献给美术设计领域的作者吧！乔布斯到底是如何构思并讲述苹果公司的传奇故事的？本书将为你精确透彻地解析每一个细节，这也是本书真正能够奉献给读者的。具体来讲，你会学到乔布斯是如何做到以下这些事情的：

- 构思要传递的信息。
- 传递思想、观念、创意。
- 激发消费者对于某种产品或产品特性的激情。

- 制造令人难忘的聆听体验。
- 培养主动向别人推销苹果产品、传递苹果公司价值观的忠实粉丝。

这些技巧会帮你把自己的演讲做得"精彩绝伦"。这些技巧学起来非常容易,就看你要不要真的去实践了。虽然需要努力学习才能做到像乔布斯那样演讲,不过你的事业、你的公司以及你自己的成功都值得你为此付出努力。

为什么我不行?

当我参加消费者新闻与商业频道(CNBC)的一档叫作"大创意"的节目时,我几乎完全被主持人具有感染力的激情震慑住了。唐尼·多伊奇(Donny Deutsch)给他的观众提了这么一条建议:"当你看到有人把自己的激情转化成利益时,问问自己:'为什么我不行?'"

我也强烈建议大家做同样的事情。当你在接下来的内容中读到乔布斯取得的成就时,问问自己:"为什么我不行?为什么我不能像乔布斯一样点燃听众的激情?"答案是:"你行!"你会了解到,乔布斯并非天生如此。他也是下过功夫的。尽管他一直都有演讲天赋,但他的风格也是在过去 30 多年中不断改进才得以形成的。他不知疲倦地改进,对每一张幻灯片、每一次现场展示、每一个演讲细节精雕细琢、精益求精。每一场演讲都在讲述着一个完整的故事,每一张幻灯片都是故事中的一场戏。乔布斯是一个演员,就像所有伟大的演员一样,他会不停地排练,直到一切达到完美。乔布斯有一次说:"一定要成为质量的标杆,有些人就是不能适应一种'卓越'只不过是基本要求的环境。" 卓越无捷径。像乔布斯一样演讲需要策划和排练,但是如果你想做到最好,没有哪位老师能比这位来自苹果公司的大师级演员更加优秀。

演讲三幕剧

本书的结构很像乔布斯对于演讲结构的比喻:一部三幕的戏剧。事实上，他的演讲确实非常像戏剧——精心策划的剧情，反复的排练，以此向人们传递信息，给人们带来欢乐，使人们获得启发。2005年10月12日，乔布斯选择了圣荷塞市的加州剧院作为发布视频iPod的舞台。这里非常适合乔布斯即将呈现的戏剧——"就像所有经典的故事一样"，他把产品发布会分成了三幕。在第一幕中，他发布了有内置摄像头的iMac G5电脑；在第二幕中，他隆重推出首次支持视频回放的第5代iPod；在第三幕中，他谈到了iTunes 6，宣布美国广播公司（ABC）将为iTunes和新一代视频iPod提供电视节目内容。在三幕剧落幕后，他甚至把爵士乐传奇人物温顿·马沙利斯（Wynton Marsalis）请上舞台表演，给整部戏加上了一个返场情节。

为了和乔布斯的"经典比喻"保持一致，本书也被划分成了三幕：

第一幕：创作动人的故事。 该部分的7章，或者叫作7场，能帮助你掌握一些实用的技巧，以创作出品牌背后的动人故事。扣人心弦的剧情能够帮你找到自信，使你轻松赢得观众的青睐。

第二幕：制造现场体验。 在这一幕的6场戏中，你将学到如何才能把你的演讲变成具有冲击力的、值得拥有的体验。

第三幕：改进和排练。 余下的5场戏会处理这些问题：肢体动作、语言表达，以及如何让精心排练过的演讲像拉家常一般自然亲切，甚至连演讲时的着装这类细节我们都会仔细讨论。你会学到，为什么半高圆领衫、牛仔裤和跑鞋对于乔布斯来讲再合适不过，而同样的装束却可能毁了你的职业生涯。①

每幕之间穿插短暂的幕间休息。这些幕间休息包含从最新的认知科学研究和演示设计领域汲取的大量非常有用的信息，这些新发现能够把你的演讲推向全新的高度。

---

① 这三样衣饰已经成为乔布斯的标志，他在所有公开场合几乎都是这一身打扮，网上甚至有人售卖"乔布斯三件套"。——译者注

XV

乔布斯的魔力演讲
The Presentation Secrets of Steve Jobs

你销售的究竟是什么？

阿兰·道伊奇曼（Alan Deutschman）在《追随内心》（The Second Coming of Steve Jobs）①一书中写道，乔布斯是"把通常很无聊的东西，比如说一堆电子产品，包装成动人故事的大师"。只有少数一部分商界领袖（我有幸见过他们）具备这种能力，即把看起来无聊的产品转换成激动人心的品牌故事的能力。思科系统公司的首席执行官约翰·钱伯斯（John Chambers）就是其中一位。钱伯斯卖的并不是互联网"骨干"——路由器和交换机，他真正售卖的是改变我们生活、工作、娱乐和学习方式的人与人之间的联系。

最伟大的演说家都具备从专业或日常的产品中创造出某种有意义的事物的能力。星巴克的首席执行官霍华德·舒尔茨（Howard Schultz）卖的不是咖啡，而是办公室和住所之外的"第三空间"。财务专家苏茜·欧曼（Suze Orman）售卖的不是信托和共同基金，而是财务自由的梦想。与此类似，乔布斯卖的也不是电脑，而是释放人类潜能的工具。在阅读本书的同时，不断问自己："我真正出售的究竟是什么？" 记住，你的新产品本身并不能改变顾客的观念，你要向别人展示这个产品如何能够让生活变得更加美好。做到这一点，你就赢得了顾客。如果你还能用有趣的方式做到这一点，你就能拥有忠实的粉丝，他们会义务为你工作，替你宣传，帮你推销，用传教士一般的热情四处传播来自你产品的"福音"。

在学习的过程中，你还会发现，乔布斯的内心被一种救世主般的改变世界的使命感所驱使，他认为"活着就是为了改变世界"。如果你想让学到的演讲技巧充分发挥作用，你必须培养一种强烈的使命感。如果你对你的演讲话题充满了激情，你就学到了乔布斯式魔力演讲的八成技巧。自从乔布斯21岁时和朋友史蒂夫·沃兹尼亚克（Steve Wozniak）共创苹果公司起，乔布斯就痴迷于个人电脑将改变社会、教育和娱乐方式的愿景。这种极具感染

---

① 《追随内心》一书中文版已由中信出版社于2011年10月出版。——编者注

力的激情感染着乔布斯身边的每一个人，使得每一次演讲现场的观众都激情澎湃。

我们都有驱动内心的激情，本书的目的就是帮你捕捉到那种激情，并将其转化为震撼人心的故事，让听到故事的观众帮助你达成愿景。你应该明白，虽然你的创意和产品可能会大幅提高顾客的生活质量，这些产品可以是电子产品、汽车、金融服务或净化环境的工具，但是如果没有忠实的顾客替你宣传，即便是史上最好的产品也毫无用处。如果你不能引起顾客的关注，你的产品将永无出头之日。如果你不能有效地进行演讲，你的观众不会在乎、不会明白也不会对你的产品产生丝毫的兴趣。人们永远不会注意那些无聊的东西，无聊的演讲不能激发观众的想象力，没有想象力，再好的想法也无法得以有效传递，千万不要让你伟大的创意仅仅因为这些而死去！运用乔布斯的演讲技巧，就能直接触及那些你想要影响的人们的心灵和头脑。

就像乔布斯每次开始演讲时说的那样，"现在，让我们开始吧！"

The Presentation
Secrets of
Steve Jobs

第一幕

➡ **创作动人故事**

进行激情四射、铿锵有力并且魅力十足的演讲，第一步就是创作故事、构思情节。这一步走得好与坏，直接决定了演讲的质量是平庸还是出众。大多数人都做不到全面地构思他们的故事，而优秀的演讲者则能够高效地策划整个故事，构思出令人信服的标题和主体信息，让他们的听众很容易就能跟上故事的起伏；而且，他们还会引入一个反面角色来制造戏剧冲突。本书的第一幕所包含的7个章节，或叫作7场戏，会帮助读者奠定成功演讲的坚实基础。每一场戏结束后，都有一个简要的总结，来概括读者在这一部分能够学到的具体、实用的技巧，这些技巧在现实场合中马上就能应用。让我们来预览一下各个场景的内容：

- 第1场："用纸笔策划"。在这一章里，你将学到像乔布斯那种真正伟大的演讲家在打开演示软件之前是如何策划情节、构思创意，并且使想法在听众的脑海中生成画面的。

- 第2场："回答最重要的问题"。来听你演讲的人只关心一个问题：这跟我有什么关系？如果你忽略了这个问题，听众就会忽略你。

- 第3场："培养救世主般的使命感"。要论钱，乔布斯在25岁的时候身家就超过了1亿美元，可是他在乎的并不是钱。理解了这一点，你就能慢慢理解乔布斯为什么能够拥有如此超凡的魅力了。

- 第4场："使用短标题"。推特网（Twitter）这个著名的社交网站已经改变了我们的交流方式。使用不超过140个字符就能将意思表达清楚的简短标题，有助于提升演讲的说服力。

- 第5场："画一幅路线图"。乔布斯的演讲之所以很吸引人，是因为他遵循了说服他人的第一重要原则——"事不过三"原则。

- 第6场："让'大坏蛋'出场"。乔布斯的每一场优秀演讲都会引入一个人人憎恨的"坏蛋"角色。坏蛋一出场，就铺垫好了下一场戏。
- 第7场："让常胜的英雄出场"。乔布斯的每一场优秀演讲都会引入一个人人膜拜的"英雄"角色。英雄为人们提供一种更好的做事方式，去改变平庸的现状，并鼓励人们张开双臂、拥抱创新。

■ 第 1 场 | 用纸笔策划

> 营销就是戏剧，就是登台表演。
> ——约翰·斯卡利（John Sculley），苹果公司前首席执行官

尽管乔布斯是在比特和字节的电子世界之中建立了自己的声望，但他演讲的故事却是在纸和笔的传统世界中勾勒出来的。他的演讲旨在达到最好的传播效果、引起最广泛的讨论、激起最深的敬畏，仿佛一场场舞台戏剧。这些演讲包含了伟大戏剧和电影必备的所有元素：戏剧冲突和完美结局、讨人厌的坏蛋和伟大的英雄。而且，就像所有伟大的导演一样，在扛起摄像机拍摄之前（对于演讲来说，就是打开演示软件之前），乔布斯也是先用纸和笔策划好所有的情节。演讲和其他活动不一样，其整个过程和戏剧一模一样。

乔布斯深入参与演讲的每一个细节：他参与文案的写作，亲自制作幻灯片，练习在现场演示产品，甚至确保现场的灯光恰到好处、万无一失。乔布斯认为没有什么事情是理所当然的，一切都需要精心的准备。他正像大多数顶级演示设计师建议的那样：一切从纸上开始。加尔·雷纳德（Garr Reynolds）在《演说之禅》（*Presentation Zen*）一书中写道："在演讲的早期准备阶段，用纸和笔在'模拟'的世界中策划整场演讲，用草稿的形式将各种想法诉诸笔头貌似有一种好处，就是当我们最终以数字化的形式呈现这些

想法时，能够做到更好、更清晰，从而产生那种创意十足的效果。"

　　设计专家，包括那些为苹果公司的演讲服务的设计师，都建议演讲者把大部分时间用在构思创意、勾勒草图和拟写草稿这些方面。南希·杜瓦特是阿尔·戈尔的纪录片《难以忽视的真相》幕后的天才，她的建议是：演讲者为了一场包含30张幻灯片的1小时的演讲，应该花上长达90个小时的准备时间。但是，其中应该只有1/3的时间是用来制作幻灯片的。最初的27个小时则应该用来做跟演讲话题相关的调研，收集相关专家的意见，整合各种创意，和同事合作，勾勒出整个"故事"的轮廓。

"项目符号"害死人

　　想想当你打开PowerPoint（简称PPT）的时候会看到什么：一张空白的幻灯片，上面有两个文本框，一个写着"单击此处添加标题"，另一个写着"单击此处添加副标题"，没错吧？这里有一个问题：乔布斯的幻灯片里基本没有"文本"内容。你再想想PPT软件里那个叫作"格式"的下拉菜单里的第一项是什么？"项目符号和编号"，没错吧？[①]这里有另一个问题：乔布斯的幻灯片里完全没有"项目符号"。PPT这个软件本身强迫你制作一个模板，而这个模板所代表的演讲方式正好和乔布斯的演讲方式完全相反。每一个演讲者都想传递一些让人印象深刻并且能够影响人们行为的信息，但是事实上，你会在后来的章节中慢慢学到，"文本"和"项目符号"是想做到这一点的最无效的方式。"项目符号"用来做购物清单比较合适，用来做演讲则一点儿用都没有。

　　图形化的演讲才能够打动听众。没错，准备这种形式的演讲需要你下一点儿功夫，尤其是在演讲的策划阶段。作为一个沟通顾问，我和无数首席执行官以及其他高级管理人员打过交道，提高他们跟媒体打交道的能力，锤炼

---

　　① 本书作者所指的PPT软件应该是比较老的版本，最新的几个版本界面和老版本相比变化比较大，已经没有专门的"格式"菜单了，但是"项目符号和编号"这个菜单在每一个版本中都有，只是位置有所不同。——译者注

他们演示和公开演讲的技巧。我有一个刚刚创业的企业家客户,他曾经为了获得一次和沃尔玛的会谈机会而在阿肯色州的本顿维尔连续准备了整整60天。一些沃尔玛公司的管理者对他所拥有的技术很感兴趣,同意对这种技术做一个测试,试运行一下。沃尔玛公司请我的这位客户给一些广告商和高级管理者做一场演讲,说明一下相关的信息。我和这位客户在硅谷一家资产管理公司的办公室里待了好多天,一起研究和准备这次演讲。第一天,我们把所有的时间都用来"策划故事",除此之外,什么事情都没做。没有电脑,没有PPT,只用了纸、笔这两种最原始的工具(在这里,用的是白板)。最后,我们才把白板上的草图做成了幻灯片。其实我们的15分钟演讲只需要5张幻灯片。我们用来制作幻灯片的时间远没有用来构思故事的时间长。只要构思好了故事,设计幻灯片就很容易了。记住,能够牢牢抓住观众想象力的并不是幻灯片,而是你所讲述的故事。

餐巾纸上的伟大创意

表达思想的最佳方式是图片,所以,与其打开电脑,还不如拿出一张餐巾纸。一些最伟大的商业创意最初就是在餐巾纸上勾勒出来的,甚至可以这么说,在商业创意的世界里,餐巾纸起到的作用比PPT还大。我以前一直认为所谓的"餐巾纸故事"只是记者杜撰出来的故事,直到我遇见头盖骨游戏公司的创始人理查德·泰特(Richard Tait),这种想法才有所改变。那时他是我的客户,我帮他准备一次在CNBC上播出的访谈。他对我说,有一次他从纽约乘飞机横跨美国去西雅图,在飞机上,他在一张喝鸡尾酒时用的餐巾纸上勾勒出了一个桌游的创意。这种游戏需要玩家动用各种各样的能力完成多种任务,然而不管是谁,都至少擅长其中的一种,所以谁都有机会在游戏中大放异彩。这个叫作"头盖骨"

的游戏在全世界流行开来，后来该公司被孩之宝公司（Hasbro）收购。而这个游戏最初的创意居然如此简单，以至于飞机上提供的一张小小的餐巾纸都写得下。

在所有的餐巾纸传奇中，最著名的莫过于西南航空公司的故事了。当赫伯·凯勒尔（Herb Kelleher）还是一名律师的时候，他在圣安东尼奥市的圣安东尼俱乐部结识了一个客户罗林·金（Rollin King）。金先生拥有一家小型的包机航空公司，他想建立一家低价的直线航空公司，绕开主要的航空枢纽，只为那些在达拉斯、休斯敦和圣安东尼奥之间往返的人提供航空服务。金先生在餐巾纸上画了三个圈，里面写着这三个城市的名字，并且把这三个圈连接起来——一个异常简洁的创意跃然纸上。凯勒尔马上就理解了，并且作为法律顾问（后来成为公司的首席执行官）和金一起在1967年创立了西南航空公司。他们二人继而重新定义了航空旅行的概念。他们所建立的公司文化后来使得西南航空公司跻身世界最受尊敬的公司之列。永远不要小瞧能够画在餐巾纸上的简单创意的力量！

故事才是主角

在《PPT演绎：故事化设计》（Beyond Bullet Points）一书中，作者克利夫·阿特金森（Cliff Atkinson）强调："要想大幅提升演讲水平，最重要的就是在制作PPT之前构思好一个故事。"阿特金森主张在准备演讲时使用一种叫作"三步故事串联板"的方法：

写作演讲剧本—制作演讲幻灯片—登台演讲

阿特金森主张，只有"每一场戏"的剧本都写好了，才能开始思考幻灯片的视觉效果。"要想写好剧本，你需要暂时把幻灯片设计——比如选择哪种字体、哪种颜色、哪种背景、哪种过渡效果之类的问题——统统搁置一旁。尽管这样做看起来违反我们的直觉，但实际上，如果你先把剧本写好，你就扩展了视觉效果的可能性，因为剧本能使你在开始设计幻灯片之前就目的明确。剧本的存在释放了PPT这种视觉化讲述工具罕为人知的巨大力量，让演讲的效果能够超越演讲者和听众的期待。"手上有了一个好剧本之后，你就可以开始制作幻灯片，进而登台演讲了。但是一定要牢记的是，必须先写"剧本"。

伟大演讲的9个要素

说服力强的演讲剧本都包含9个共同的要素。你使用的是PPT还是Keynote[①]，或是其他的设计软件并不重要，重要的是，在你打开演示软件之前，一定要记住剧本中包含所有这些要素。我会在后面的章节中更详细地介绍其中的一些要素，现在你只要在构思时想着它们就可以了。

标题

你想向你的观众传递的最重要的想法是什么？你应该按照主谓宾的顺序把它写出来，尽量做到简短（以英语为例，不超过140个字符），而且好记。乔布斯当初发布iPhone时，他大声宣布："今天，苹果重塑了手机！"这就是一个优秀的标题。标题能够抓住观众的注意力，让他们有兴趣继续听下去。读一读《今日美国》(*USA Today*)，能带给你很多这方面的灵感。以下是从美国最流行的日报上选取的一些例子：

- "苹果MacBook机型轻薄，功能多样"
- "苹果发布花豹（Leopard）操作系统"
- "苹果iPod瘦身"

[①] Keynote是苹果公司推出的办公套件iWork的一部分，只能在Mac OS X操作系统下运行，乔布斯演讲使用的演示软件就是这个。——译者注

激情宣言

公众演讲之父亚里士多德认为，所有成功的演说家必须具有希腊语所谓的"精神病态"，也就是对于演讲主题的激情。但是，只有极少数演讲者能表达出对演讲主题的兴奋之情。乔布斯每次演讲时都会释放出一种近乎狂热的激情。苹果公司的前雇员以及很多记者都提到过他这种极具吸引力和感染力，以至于让人目瞪口呆的激情。你应该花上几分钟的时间，通过把下面的句子填写完整以当作自己的激情宣言："这种产品（这家公司、这项创新、这种功能等）让我非常兴奋，因为它_____。"一旦确定好自己的激情宣言，就不要不好意思，大胆地和别人分享吧。

三条关键信息

确定了标题和激情宣言之后，你现在要做的，就是写出三条你希望观众接收到的信息。这些信息应该十分好记，不需要看笔记就能轻松回想起来。本部分的第5场会专门讨论这个问题，现在你应该牢牢记住：听众的短期记忆只能记住三四条关键信息。确定三条关键信息之后，还要分别加上一些用来支持它们的信息。

暗喻和明喻

在确定关键信息和支持信息的同时，你还要考虑使用一些修辞让你的讲述更有吸引力。在亚里士多德看来，暗喻是"迄今为止最重要的东西"。暗喻是指出于比较的目的，把一个事物说成另外一个事物，它是一种行之有效的说服手段，在优秀的营销、推广和公共关系活动中被广泛使用。乔布斯在演讲和平时说话时经常使用这种修辞手段。在一次著名的访谈中，乔布斯说："电脑对于我来讲，是迄今为止人类发明的最出色的工具。对于人类思维来说，它相当于自行车。"

专业搞销售的人喜欢与体育相关的暗喻，"我们是为同一个队伍比赛""这次不是练习赛，而是玩真的"，或者"我们现在的打击率非常高，让我们继续保持"（暗喻事情做得非常漂亮，几近完美）。虽然这种暗喻挺好，但是你应该挑战一下自己，说一些观众没听过的、想不到的暗喻。我曾经看过一个给卡巴斯基杀毒套件写的暗喻，很有意思。这家公司在报纸上打出整版广告（我是在《今日美国》上看到的），画面上是一个沮丧的中世纪武士穿着整套盔甲默默走向远方的背影，广告的标题是"不要如此难过，你曾经也非常不错"。这个暗喻把当今的互联网安全技术（卡巴斯基的竞争对手们）比作笨拙的中世纪盔甲，盔甲这种落后的玩意儿显然比不上当今最先进的军事技术。卡巴斯基公司在自己的网站上也使用了这个暗喻。基本上，在这家公司的各种营销资料中，这个暗喻随处可见。

　　明喻是暗喻的表兄弟，也十分有效。所谓明喻，就是把两个不同的事物加以比较，以突出其中的相似之处。明喻能够帮助我们理解一些可能非常陌生的概念。"微处理器就是计算机的大脑"这个明喻非常好用，被英特尔公司用了好多年。芯片在计算机中所起的作用在很多方面都像是大脑在人体中的作用。在这里，芯片和大脑是两个不同的事物，但具有相似的特征。这个明喻非常恰当，被媒体广泛采用。一旦你找到了一个强大且好用的明喻，就坚持使用它，让它在你的演讲中、公司网站上，以及各种宣传材料中随处可见。乔布斯就很喜欢使用明喻，特别是有机会拿微软公司开涮时更是用得不亦乐乎。有一次，《华尔街日报》的沃尔特·莫斯伯格（Walt Mossberg）采访他时，他说很多人最爱的 Windows 应用程序是 iTunes，"它就像是给地狱中饱受煎熬的人递过去的一杯冰水"。[①]

现场展示或演示

　　乔布斯喜欢和雇员、合作伙伴以及产品一起分享舞台。现场展示或演示产品成为他演讲中很大的一个组成部分。2007 年 6 月，当乔布斯在苹果公司全球开发者大会上（简称 WWDC，每年举行一次，苹果公司通常会在会上发布新软件和新技术）发布代号为"花豹"的新版 OS X 操作系统时，他说这一系统包含 300 多项新功能。他讲述并且演示了其中的 10 项新功能，包括 Time Machine（自动备份）、Boot Camp（使苹果电脑能够运行 Windows XP 和 Vista 操作系统）和 Stacks（文件组织）。他并没有简单地用幻灯片罗列、解释这些新功能，而是坐下来给观众演示这些功能，让观众直观地了解这些功能到底是怎么回事。不仅如此，他还亲自挑选那些他想让媒体突出强调的功能。为什么要让媒体自己决定300多项新功能中的哪些功能最酷呢？为什么不直接告诉大家呢？

你的产品适合现场展示或演示吗？如果适合，一定要把展示环节写到演讲剧本中去。你的观众想要看到、摸到、感受到你的产品或服务，所以你一定要把它们呈现出来。

我曾经和高盛集团的投资人一起帮助一家创业公司的首席执行官做上市前的准备工作。这家半导体企业位于硅谷，专门研究如何把便携式电脑的声卡芯片做得更小。我们一起筹备路演演说的时候，这位首席执行官拿出一个指甲盖大小的芯片对我们说："你肯定想不到这个小玩意儿居然能够有这样的音效，听听看。"他随即把笔记本电脑的音量调大，播放了一段音乐，音效奇好，当时屋里的所有人都为之震惊。想都不用想，路演的时候肯定要用这样的现场展示（只不过铺垫得更加戏剧化而已），因为效果实在太好了。公司的首次公开招股继而取得了巨大的成功。后来，承销该公司股票的投资人打电话对我说："我不知道你是怎么指导他的，但是那位首席执行官的表现真是技惊四座啊！"当时我没好意思说，其实我也只是从乔布斯那里偷师学艺而已。

介绍合作伙伴

乔布斯不但会在舞台上展示他的产品，还会在舞台上介绍他的重要合作伙伴。2005年9月，乔布斯宣布麦当娜（Madonna）的全部专辑将会在iTunes商店上线销售。就在此时，麦当娜突然通过网络摄像头出现在大屏幕上，还和乔布斯开玩笑说为了能在iTunes上下载自己的歌曲，她已经苦等了很久，实在是挺不住了。乔布斯经常在舞台上提及那些帮助苹果公司取得成功的人们，这些人中有艺人，也有业界的合作伙伴，比如英特尔、福克斯和索尼三家公司的首席执行官。

顾客口碑和第三方推荐

营销环节中的重要一环就是展示"口碑",即来自顾客的"证言"。没有几个消费者愿意当小白鼠,尤其是手头紧的时候。负责招聘的人喜欢看推荐信,买东西的人也希望听到其他消费者对产品的好评。对于小企业来说,这一点就更加重要了。你在自家印刷精美的宣传单上许下的种种承诺、做出的种种保证尽管看起来不错,但消费者不会轻易买账,永远会有怀疑的声音存在,这很正常。影响消费者行为的第一要素,就是口碑。产品要想成功发布,最好有一些消费者在测试阶段就接触到了产品,并且愿意给出良好的评价。在推销产品的时候,一定记得利用一些来自消费者群体本身的"优质证明"。引用一两句好话非常简单,但不要止步于此,试着录一段视频,并把它放在网站上,或者穿插在演讲中。如果能请一位顾客亲自来到演讲现场或展销会现场就更好了(通过网络摄像头也可以)。

你的产品有第三方测评吗?如果有,并且是正面的测评,就一定要充分地加以利用。口碑是最有效的营销工具,如果你的顾客看到一份刊物或者他尊敬喜爱的人在推荐你的产品,他就会放心购买。

视频短片

很少有演讲者会在演讲中加入视频短片,而乔布斯却经常在他的演讲中播放视频短片。他有时会播放员工谈论多么享受一个产品的开发过程的视频,此外他也很喜欢播放苹果公司最新的电视广告。在1984年发布麦金塔电脑时,乔布斯现场播放了那个著名的《1984》广告,此后,几乎在每一次重要的产品发布会上,他都会播放一段视频。熟悉乔布斯的人都知道,他有时候特别喜欢某一个广告,甚至会在现场播放两遍。在2008年6月的苹果公司全球开发者大会上,乔布斯做了主题演讲,在演讲的最后他发布了iPhone 3G,这款iPhone使用更快的3G网络,售价却比市面上的第一代iPhone还要便宜。他现场播放了一段电视广告,广告语是:"第一款能与iPhone叫板的手机终于诞生了。"当这段30秒的广告结束后,乔布斯满脸笑容地说："是不是挺牛的？想再看一遍吗？我们再放一遍，我特别喜欢这个广告。"

在演讲中加入视频短片能够让你的演讲鹤立鸡群。你可以播放广告、员工对产品的评价、产品的视频"写真"、人们使用产品的景象，还可以播放消费者对产品的好评。除了面对面交流之外，还有什么能比通过现场播放的视频听到其他消费者满意的声音更有说服力呢？你可以把视频轻松转换成MPEG、Windows Media或者Quicktime文件，这些格式在大多数的演讲场合都适用。记住，YouTube网站上视频的平均播放时长是2.5分钟。我们的注意广度正日益缩减，所以尽管视频能够有效地吸引观众集中注意力，但使用过长的视频，效果也不好。在演讲中应该使用视频短片，注意不要使用那些时长远超过两三分钟的视频。

即使是那些跟技术毫无关系的演讲，视频短片也是一种非常好的手段。我曾经帮助加州草莓协会准备一系列演讲，演讲计划在美国东海岸举行。协会的会员给我看了一段视频，视频里种草莓的农民表达着对那片土地和草莓的热爱。草莓地的画面漂亮极了，于是我建议他们把这段视频转换成数字文件，放在演讲中。后来在演讲时，他们这样介绍这段视频："我们意识到你们可能从没有见过加州的草莓田，所以我们决定把农民带过来见见你们。"这段视频成了整个演讲中最令人印象深刻的部分，东海岸的记者们非常喜欢。

宣传画册、道具和实物展示

学习者可以分成三种类型：视觉型（大多数人属于这一类型）、听觉型（善于倾听的人）和触觉型（喜欢感觉、触摸的人）。你的演讲要涵盖适合各类型观众的学习方式。所以，演讲不应该仅仅使用幻灯片，也可以使用白板、宣传画册或者高科技形式的宣传画册——平板电脑，还可以把真正的产品带到现场当作"道具"，让观众看一看、用一用、摸一摸。在后文中，你将学到更多关于如何吸引这三种类型的学习者的知识。

大多数的演讲者在幻灯片制作这个问题上犹豫不决：我应该用哪种字体呢？是用花花绿绿的项目符号好呢，还是用简简单单的短横线好呢？要在这里加一张图表吗？在这里放一张照片怎么样？事实上，在演讲的策划阶段根本就不该考虑这些问题！如果你有一个看得见、摸得着的产品，你就应该脱离幻灯片，把它拿出来给大家看。2008年10月14日，乔布斯发布了新的MacBook笔记本电脑产品线，新款电脑的外壳用一整块铝板打造而成，被称为"一体成型机身"。乔布斯讲述了生产这种机身的过程之后，苹果公司的员工把一些新款机身的实物分发给观众，让他们亲自体验一下。

你的演讲中如果包含上述9个要素，就能帮你讲述一个值得一听的故事。讲故事的不是幻灯片，而是你；幻灯片只是让故事看起来更加完整。本书不讨论软件的问题，也不会比较PPT和Keynote两种演示软件孰优孰劣，因为在有效的演讲中，软件并不是主角，演讲者才是。乔布斯本人从2002年起开始使用苹果的Keynote软件，但在此之前——可追溯到1984年——的很长一段时间内，乔布斯也做了很多极其精彩的演讲，是什么让这些演讲出类拔萃？当然不是软件。乔布斯使用Keynote而不是PPT这个事实并不意味着，如果你也倒戈进入Keynote阵营，就能让你的演讲像乔布斯的演讲那样吸引人。但是，如果你能在故事情节的策划上而不是在幻灯片制作上多花些时间，你就能赢得观众。

用一个笔记本或白板来策划你的演讲创意，这能帮你把故事形象化，还能简化故事的元素。当乔布斯在1996年回归苹果公司，接替离任的吉尔·阿梅里奥（Gil Amelio）出任临时首席执行官时，他发现苹果公司当时有40多种不同的产品，庞大的产品线让消费者困惑不已。于是，他大胆地决定，大幅度简化公司的产品线。在《撬开苹果》（*Inside Steve's Brain*）一书中，作者利安德·卡尼（Leander Kahney）写道，乔布斯把所有高管都叫到他的办公室，"他在白板上画了一个非常简单的'田'字形图表，在图表横向的上方，他写上'消费级'和'专业级'两个单词，

乔布斯的魔力演讲
The Presentation Secrets of Steve Jobs

侧面纵向，则写上'便携型'和'台式'两个单词"。在乔布斯的领导下，苹果公司只生产4种电脑——两种笔记本电脑，两种台式机，分别瞄准普通消费者和专业人士。

有很多故事告诉我们，乔布斯最好的创意都是靠这种形象思维得到的，刚才这个故事只是其中之一。不管你是擅长使用白板做计划，还是擅长使用便笺纸，在进入数字世界之前，先在"模拟"的世界中花一些时间好好计划一下。你最终的演讲将会更加有趣，更加切题，也更有吸引力。

> 乔布斯的演讲符合亚里士多德关于说服性论证的经典的"5步法则"：
>
> 1. 讲述一个能够引起观众兴趣的故事或观点。
> 2. 提出一个需要解决的难题或需要解答的疑问。
> 3. 给出你的答案。
> 4. 具体描述你的解答对解决问题的好处。
> 5. 号召听众采取行动。对于乔布斯来说，这一点很简单，相当于说一句："现在都跑出去抢购吧！"

导演手记

- 在打开幻灯片软件之前就开始策划演讲，在纸上或白板上勾勒出想法。

- 包含以下 9 个成功演讲的必备要素中的一些（即使不能包含全部）：标题、激情宣言、三条关键信息、暗喻和明喻、现场展示或演示、介绍合作伙伴、顾客口碑和第三方推荐、视频短片，以及宣传画册、道具和实物展示。

- 像乔布斯一样演讲跟你使用哪种演示软件关系不大，关键在于你构思故事和讲故事的能力。

■ 第2场 | 回答最重要的问题

> 你必须先从用户体验入手,再回头解决技术问题,而不是相反。
> ——乔布斯,1997年5月25日在苹果公司全球开发者大会上的演讲

为了挽救在个人电脑市场上份额已经萎缩至4%以下的颓势,苹果公司在1998年5月推出了一款引人瞩目的新产品。乔布斯在介绍这款半透明的、被称为"iMac"的全新一体式台式电脑时,描述了制造这款电脑的原因、其目标市场以及消费者购买这款电脑的好处。

尽管这是一台功能强大的麦金塔电脑,但我们设计它的目的是满足消费者对电脑的第一需求——简单并且快速地上网。同时,我们的目光也瞄准了教育领域,这个领域的人们也想购买这样一款电脑,因为对于教与学的各种应用来说,这款电脑几近完美。我们调研了市面上所有的消费产品,发现它们有一些共性:首先,它们的运行速度都很慢,全部在使用过时的处理器;其次,这些电脑的显示器都很糟糕;最后,大多数电脑都没有网络连接设置,还在使用上一代的输入输出设备。所有这些都意味着这些电脑性能低下,使用不便。而且,这些玩意儿都太丑

啦！所以，还是让我跟你们说说我们的iMac吧！"

就这样，乔布斯描述了当时的主流产品的一些缺陷，借此给观众画了一幅"演讲路线图"。实际上，他描述其他电脑的缺点就是为了铺垫他即将详细介绍的iMac的优点（我们会在后文中详细介绍描述演讲路线图的技巧）。观众了解到，新的iMac运行速度很快（"快到让人尖叫"），有一台"美极了"的15英寸显示器，有大容量内存，还有能让学生和家庭用户更容易连接网络的设置。接着就到了乔布斯演讲中非常经典的"欢呼时刻"：他走向舞台的一角，揭开了新电脑的"盖头"。

你的观众想要获得关于产品的信息，了解产品运行的方式，并且在学习的同时享受快乐。最重要的是，人们想知道一个重要问题的答案：你介绍的东西和我有什么关系？让我们再仔细研究一下刚才引用的那段乔布斯介绍iMac的话，他说"所有这些都意味着……"乔布斯这样说就是在帮助听众厘清头绪。尽管他可能对业界同行守口如瓶，但他从不在最终发布新产品时，让观众自己猜想苹果公司为什么要这样做。苹果公司的新电脑、音乐播放器、手机或其他新产品和你有什么关系？不用担心，乔布斯会告诉你。

传闻是真的

苹果公司曾经和英特尔公司竞争了很多年，在1996年的一则电视广告中，苹果公司甚至点着了一个身着带有英特尔标志的全身防护服的人。[①]10年之后，苹果公司决定结束和英特尔的对立，宣布新款苹果电脑系统将使用英特尔的处理器驱动，而不再使用国际商业机器公司（IBM）的PowerPC芯片。2005年6月6日，乔布斯在旧金山举行的苹果公司全球开发者大会上宣布了这一决定。

---

① 这是一则颇具争议的广告，内容是消防员扑灭了一个穿着带有英特尔标志的全身防护服的人身上的火焰，然后画外音说："苹果公司为在公开场合火烧奔腾二代处理器道歉，但是事实归事实，每一台新款Power Mac G3电脑内置的芯片都比奔腾二代快近两倍。"——译者注

▷ 第2场 │ 回答最重要的问题

关于这次处理器转换的传闻已经传了好几个月，很多观察家都对这一转换表示出了关心。《每周电脑报》（*eWeek*）杂志的记者表示不敢相信苹果公司居然会弃用PowerPC芯片而转向英特尔阵营，因为PowerPC芯片已经和苹果公司这个品牌联系在一起了。苹果系统的开发商也很不满，怨声载道。乔布斯需要说服观众，向他们证明转换处理器是件好事。那次，他的演讲很有说服力，一下子改变了人们的看法，因为他用平实、直白的语言，回答了最重要的问题：这次转变和苹果公司的顾客以及开发商有什么关系？

是的，传闻是真的。我们即将从使用PowerPC转换到使用英特尔处理器。为什么要这样做呢？我们不是刚刚才从OS 9系统升级到OS X系统吗？难道现状不是已经很好了吗？不，我们要制造出消费者心目中最好的电脑。两年前，我站在这里向你们承诺苹果公司能制造出这样的电脑（此时幻灯片上出现主频速度达3 000兆赫兹的台式电脑），可我们一直不能兑现这个承诺。我想你们中有很多人想要在PowerBook中使用G5芯片，可我们一直都没有做到。但是，这些都不是最重要的原因。虽然我们现在拥有一些很好的产品，但是当我们向前看时，能想象到一些更好的产品，我们想为你们制造这些产品，但是展望PowerPC芯片的未来，我们知道继续使用这些芯片就造不出更好的产品。这就是我们要这样做的原因。

乔布斯的一番话如此清晰、说服力如此之强，以至于当天在场的观众几乎都对苹果公司的未来信心十足，他们离场时已经完全被说服：处理器转换对于苹果公司、开发商和顾客来说都是一件好事。

这和我有什么关系？

在演讲的准备阶段，永远要牢记：演讲的重点不是你，而是听众。你的听众一直在问自己这个问题："这和我有什么关系？"开门见山地回答这个问题就能够抓住听众的注意力，让他们自始至终认真倾听你的演讲。

21

我曾经帮一位首席执行官准备一次分析师演讲，问他打算如何开场。他给我讲了一段枯燥乏味、不知所云的开场白："我们公司是一家做智能半导体知识产权解决方案系统的开发商，能在大大提高复杂系统芯片运行速度的同时使风险降到最低。"我听了以后顿时目瞪口呆，建议他从乔布斯那里学一招，剔除所有那些诸如"智能""解决方案"之类的吓人词汇，简单地回答这样一个问题：你的产品和消费者有什么关系？

于是，那位首席执行官修改了他的开场白。他决定一上讲台就请观众把自己的手机掏出来，然后说："你们手里拿的手机所使用的芯片，其中有很多就是用我们公司开发的软件制造的。这些芯片越来越小，越来越便宜，你的手机也将变得更小巧，待机时间更长，并且能够播放音乐和视频。所有这一切都归功于我们在幕后所做的技术工作。"

哪一种开场白更吸引你呢？显然是第二种。因为这种开场白中没有术语，并且通过回答那个最重要的问题，给了观众一个继续听下去的理由。

记者在回答读者最关心的问题这方面很擅长。你可以留意一下《纽约时报》（*New York Times*）或《今日美国》（*USA Today*）上登载的产品介绍，那些文章写出来就是为了让人看懂的。比如，2009年1月20日，思科系统公司宣布即将大举进军以前由IBM、惠普和戴尔三分天下的服务器市场，打头阵的产品将会是一种使用虚拟化软件的服务器。在这里，"虚拟化软件"是一个解释起来非常复杂的概念，维基百科是这样定义它的："一种把物理服务器系统区划成多个服务器，从而使每一个服务器都有能力运行专属独立系统的方法。"明白了？不见得吧！《纽约时报》的阿什利·范斯（Ashlee Vance）给出了另一种解释："虚拟化产品使得企业能够运行无数的商业应用软件，而不是只能运行一种。企业因此节省了电力，并能更充分地利用他们购买的硬件。"

区别当然就在于范斯回答了读者心中的问题："虚拟化"跟我有什么关系？在这种情况下，他假定读者是投资者，是企业IT（信息技术）部门的主管，或是企业领导，他们都关心这样的事情。

应用乔布斯的演讲技巧

2006年夏天,英特尔公司发布了酷睿Ⅱ双核处理器。这里双核的意思是双核心,也就是说,每个微处理器都有两个核心,或者可以理解为两个大脑。这听起来可能没那么激动人心,但如果你能回答那个最重要的问题——"这和我有什么关系",那就有意思了。

请读者想象两种场景:在每个场景中,都有一个顾客走进一家电脑商店,向销售员询问关于笔记本电脑的信息。在第一个场景中,销售员没有读过本书,没能回答那个最重要的问题。在第二个场景中,销售员应用了乔布斯的演讲技巧,回答了那个消费者最关注的问题——"这和我有什么关系",这样他就更有可能把电脑卖出去。

场景一

顾客:你好,我想要一款轻薄、速度快且带有DVD(数字多功能光盘)光驱的笔记本电脑。

销售员:你应该看看装有英特尔酷睿Ⅱ双核处理器的电脑。

顾客:好的。我不知道英特尔公司也生产电脑。

销售员:他们本来就不生产。

顾客:你能讲得详细一点儿吗?

销售员:英特尔酷睿Ⅱ双核处理器有两个处理核心,能够以更快的速度同时处理数据。

顾客:哦。也许我应该到别处看看。

在这种情况下,消费者当然要去别处看看!尽管从技术上讲,销售员说得没错,但是顾客需要冥思苦想才能搞明白这种新系统如何能让自己的生活变得更加美好。这很让人伤神。要知道,人类的大脑是一块"懒肉",永远在尽量节约能量。如果你让顾客的大脑劳动过度,你就会失去他们。消费者心里有且只有一个问题,刚才那位销售员没能回答这个问题,而且看起来漫不经心,甚至有些傲慢。让我们再试一次,这次,销售员会模仿乔布斯的演讲风格。

场景二

销售员:你好,你想要什么?我能帮上忙吗?

顾客:我想看看笔记本电脑。轻薄、速度快而且带DVD光驱的那种。

销售员:你算是来对地方了。我们有很多精选的笔记本电脑,便于携带,而且速度超快。你考虑过买一台装有英特尔酷睿II双核处理器的电脑吗?

顾客:还真没想过,你说的双核处理器是什么意思?

销售员:你可以把微处理器理解成计算机的大脑。如果计算机拥有刚才我说的那种处理器,就相当于有了两个大脑。这意味着你可以工作、娱乐两不误。比如,你可以一边下载音乐一边让电脑在后台把所有硬盘扫描一遍,查杀病毒,这完全不会让电脑的运行速度变慢。你用来工作的软件运行起来会快得多,而且你能同时处理多个文档;播放DVD也会比以前流畅得多,最重要的是,电池续航时间也会大大延长。这还不是全部优点,它的显示器也相当精致、漂亮!

顾客:太好了!让我看看这样的电脑吧。

在这个场景中,销售员用平实的语言和具体的例子,把产品和顾客的生活联系了起来,并且回答了对于消费者来说唯一重要的问题:那个处理器跟我有什么关系?训练销售员用这种方式描述产品的零售商将会在竞争中脱颖而出。仔细想想,有一家零售商就是这么做的——苹果公司的零售店。随便走进一家苹果公司的零售店，热心的男女雇员会热烈地欢迎你，热情地向你介绍苹果公司的产品将如何让你的生活变得更加美好。

你的听众在问自己："这和我有什么关系？"所以，如果你的产品能帮他们赚钱，告诉他们；如果能帮他们省钱，告诉他们；如果能帮他们更容易或更愉悦地做一件事，告诉他们。尽早告诉他们，经常告诉他们，清清楚楚地告诉他们。乔布斯从来不让人们猜来猜去。在解释一种新产品或新功能背后的技术之前，他会先解释这种产品或功能如何让他们使用电脑、音乐播放器或其他产品的体验变得更加美好。

表 2–1 介绍了一些乔布斯推销新产品或新功能的好处的真实例子。

表 2–1　乔布斯推销新产品的好处[①]

时间/产品	产品带给消费者的好处
2003 年 1 月 7 日，Keynote 演示软件	"使用 Keynote 就像拥有一个专业的美工团队为你制作幻灯片。当你的演讲至关重要时，一定记得使用这款软件。"
2006 年 9 月 12 日，iPod nano 播放器	"全新的 iPod nano——价格不变，存储量加倍；令人难以置信的 24 小时电池续航时间；还有超美的全铝设计和 5 种鲜艳颜色的外壳。"
2008 年 1 月 15 日，时空舱（为运行"花豹"操作系统的苹果电脑提供备份服务）	"有了时空舱，你所有的珍贵照片、电影和文件都会自动得以保护，如果不小心丢失了，很容易就能全部找回来。"
2008 年 6 月 9 日，iPhone 3G	"在我们发布 iPhone 仅仅一年之后，我们就来发布新的 iPhone 3G 了。售价减半，速度翻倍。"
2008 年 9 月 9 日，iTunes 的 Genius 功能	"只要你点击一下，Genius 就能自动从你的音乐库中找到那些风格相似、适合一起听的歌曲，并组成一个播放列表。"

---

① 全书表格英文原文见附录。——编者注

别说术语连篇的废话

要在所有的营销材料中回答那个最重要的问题，不管是在网站上、在演讲幻灯片里，还是在新闻发布会上，都要这么做。专业的公关人员理应更加懂得这一点，但他们却是最经常违反这条原则的人。大多数的新闻发布会都充斥着一堆术语，这些人想说什么就说什么，不讲究任何规则，完全是在浪费大家的时间。媒体工作人员甚至根本不读新闻稿，因为这些文件从不回答那个对于记者来说最重要的问题：这和我的读者有什么关系呢？我本人作为一个记者，曾读过成千上万篇新闻稿，但我的报道很少（如果有的话）是基于这些资料写就的。大多数记者也会同意我的说法。有太多的新闻稿是关于公司变化的——管理层的任免、新的公司标志、新的办公地点等，谁会关心这些呢？即便真有人关心，这些信息也远远不够清晰。随便你读哪一天的新闻稿，你都会疑惑人们到底为什么会关心这些信息，想到死你也不会明白的。

为了找乐子，我选了一些新闻稿，它们都是在同一天发布的，相隔不过几个小时。发布的日期并不重要。这些稿件绝大多数都违反了我们刚才说过的那一条关于要说服别人的基本原则。

"A公司今天宣布，本公司已经和B公司签订了独家经销协议。根据本协议，A公司将成为B公司生产的柴油引擎触媒还原剂的全国独家经销商。"允许我严肃地问一句，谁会关心这件事呢？我倒是希望自己能够告诉你这份经销协议对于哪些人来说是有好处的，即便是这家公司的股东也好，但是我不能，因为这份新闻稿通篇都没有直接回答这个问题。

"比萨市场网站授予某连锁店'2008年度比萨供应商'的称号。"这份新闻稿上说，该连锁店之所以能够获得这份殊荣，是因为赢利稳定,同店销售额连续 6 个季度保持增长,还引进了新的管理团队。如果这个连锁店为了庆祝这份荣誉而打折促销,这份新闻稿就有了一点儿新闻价值,但是这份新闻发布稿根本没提这件事,也没有提到该连锁店和其他成千上万家比萨店相比有何区别。这种新闻稿属于"只关注我们自己"的那一类——只对公司管理层有意义,除此之外,对于其他任何人都一文不值。

"某公司宣布开始提供《中国钢铁市场的 2008 年回顾和 2009 年展望年度报告》。"真的吗?全世界肯定有无数人等着看这份新报告!开玩笑啦!这是另外一个浪费宣传机会的例子。如果这份新闻发布稿从新报告中选取一段让人大开眼界的全新信息作为开头,可能会稍稍引起我的一丝兴趣,至少那意味着把读者放在首位了。遗憾的是,大多数整天给记者写新闻稿的公关人员从未以新闻工作者的角色接受过培训。

这里还有一朵新闻稿中的奇葩,是一家位于夏威夷的电气公司发布的。

"某公司今日宣布,已任命甲为公司总裁兼首席执行官,甲将于 2009 年 1 月 1 日正式上任。甲接替乙的职位,后者已于 2008 年 8 月卸任总裁兼首席执行官。"我们还得知,新任首席执行官拥有 32 年公共设施行业的从业经验,已经在那个巨大的岛屿上生活了 20 年。听起来多美好啊!难道不让你备感温暖吗?我再次强调,这份新闻稿浪费了一个和公司的投资者以及消费者沟通的绝佳机会。如果该新闻稿开头就写,为了提升服务水平,新任首席执行官打算马上做某件事,就会有意思得多,也会更有新闻价值。

在大多数情况下,新闻稿之所以让人提不起兴趣,就是因为他们没有回答那个对于读者来说最重要的问题。在发表演讲、跟媒体打交道和准备营销材料时,请你不要犯同样的错误。

乔布斯的魔力演讲
The Presentation Secrets of Steve Jobs

如果一场展销会或演讲不告诉观众他们能得到什么好处，那谁都懒得去听。如果你仔细观察乔布斯的演讲，就会发现，他"卖"的并不是产品，而是未来将更加美好的梦想。当苹果在2007年年初发布iPhone时，CNBC的记者吉姆·戈德曼（Jim Goldman）问乔布斯："为什么iPhone对于苹果公司来说如此重要？"乔布斯没有谈论股东权益或市场份额，而是描绘了一种更好的用户体验："我认为iPhone可能会改变整个手机产业，成为一种强大得多的用于打电话、保持联系的设备。我们把迄今为止最好的iPod完全整合到了iPhone里，还把整个互联网放进了你的口袋——真正的浏览器、真正的电子邮件，以及整个地球上最好用的Google地图。iPhone把所有这些放进你的口袋，使用起来却要简单10倍。"乔布斯在解释"如何"之前，首先解释了"为什么"。

人们并不关心你的产品，人们关心的是他们自己。前苹果公司雇员、"苹果传教士"盖伊·川崎（Guy Kawasaki）曾说："传教式营销的精华是充满激情地告诉人们，我们能够一起创造历史。'商业传教'和现金流、净利润或整合营销毫无关联，是一种最纯净、最有激情的销售形式，因为你卖的不是东西，而是梦想。"请读者切记，不要销售产品，而要销售梦想。

导演手记

- 问一下你自己："这个创意、这条信息、这件产品、这种服务和我的听众有什么关系？"如果你只想要你的听众记住演讲中谈到的一件事，那应该是什么？集中力量宣讲产品将给消费者带来的好处。

- 把这一件事说得越清楚越好，在谈话或演讲中至少要提到两次。摒弃所有不知所云的术语，让信息更加清晰。

- 确保你在所有的营销材料，包括新闻稿、网页以及演讲中，都对那个最重要的问题做出了回答。

第 3 场 | 培养救世主般的使命感

> 我们生来就是为了在宇宙中留下印记。
>
> ——史蒂夫·乔布斯

圣雷莫公寓位于纽约的奢侈之地——上西城区的 75 街,正对中央公园,可以饱览公园的美景。这里的业主名单读起来就像当代文化名人录:老虎伍兹(Tiger Woods)、黛米·摩尔(Demi Moore)、达斯汀·霍夫曼(Dustin Hoffman)、波诺(Bono),还有一个肩负使命的年轻人——史蒂夫·乔布斯。

1983 年,乔布斯正在热烈地"追求"时任百事公司总裁的约翰·斯卡利。苹果公司那时候亟须引入一位像斯卡利那样具有丰富的市场和管理经验的高管。但是,尽管乔布斯魅力无穷,斯卡利还是没有同意。苹果公司提供的职位需要斯卡利搬家到西海岸,而且开出的薪水也达不到他的期望值。不过,一句话改变了一切。这句话后来改变了苹果公司,改变了斯卡利的职业轨迹,也令乔布斯本人开始了他不可思议的一生——从一个少年天才到失败者,再到英雄,最后成为一个传奇。斯卡利在他的《奥德赛》(*Odyssey*)一书里记录了这一段让他决定接受这份工作的对话,这段对话也是美国商业史上一段最著名引语的出处。

斯卡利在书中写道："我们面对着哈得孙河，站在阳台的西面。这时，他（乔布斯）终于直接问我了：'你要来苹果公司吗？'我说：'史蒂夫，我真的很欣赏你们的事业，我为之感到兴奋。谁会不动心呢？但是这对于我来说没有意义。史蒂夫，我非常愿意做你的顾问，以任何方式帮助你都行，但是我想我不能去苹果公司任职。"

斯卡利说，乔布斯此时低下了头，停下来，盯着地面看了一会儿。然后又抬起头看着斯卡利，挑战似的对他说了一句话，这句话后来就像幽灵一样萦绕在斯卡利的心头，挥之不去："你是要一辈子卖糖水，还是要一个改变世界的机会？"斯卡利说，这句话就像一记重拳，击中了他的腹部。

超脱现实场

乔布斯有一种能力——苹果公司的副总裁巴德·特里布尔（Bud Tribble）称之为"超脱现实场"，一种能让任何人做任何事的能力。斯卡利见识过这种能力，很多人根本不能抗拒乔布斯的磁场，会不由自主地跟随他走向应许之地（或者至少跟随他一起拥抱下一款酷酷的iPod）。

基本上没有人能抗拒乔布斯的魅力，那种强大的磁场，充满他对于产品的激情。见识过这种磁场的人都说，乔布斯说话的方式，以及他表达激情的一些特别之处，能够紧紧地抓住在场的每一个人。即便是那些应该对这种磁场已经免疫的记者也不能抵御乔布斯的影响。《连线》（Wired）杂志的编辑利安德·卡尼采访过乔布斯的传记作者阿兰·道伊奇曼，后者描述了一次和乔布斯的会面："他经常不带姓地直呼你的名字，用激光一般的眼神直视你的眼睛。他有一双影星般充满魅力的眼睛，能够轻松地把你催眠。但是，真正打动你的，是他说话的方式。不管他在谈论什么，他说话的节奏和表现出的激情总有一些特别之处，能够轻易地感染你。"

做你喜欢做的事

道伊奇曼说，如果乔布斯是一个方程，那他的"解"就是"他说话的方式"。但是，他说话的方式到底有什么特别之处，能让你每次都深受吸引呢？答案就是，乔布斯说话的时候有激情、有热情、有能量。乔布斯告诉过我们他的激情来自何处："你必须找到自己钟爱的事业。你的工作将占据你生活的很大一部分，所以你得到满足的唯一途径就是去完成你心目中的伟大事业。要想成就伟大的事业，必须钟爱你所做的工作。如果你还没有找到，就继续寻找，不要停下你的脚步。"①

我们每个人都有独特的使命。有些人在年轻时就找到了自己的使命，比如说乔布斯；而有些人，一辈子也没有找到，因为他们永远都在忙着跟这样或那样的人攀比。失去生活目标的原因之一，就是为了赚钱而赚钱。乔布斯之所以能成为亿万富翁，成为杰出的沟通专家，就是因为他在追随自己的内心，追随自己的激情。他几乎能够确信，钱早晚都会有的。

> 我想，你总要有一点儿与众不同才会购买苹果电脑。我想，买苹果电脑的人都是富有创新精神的精灵。他们做事不是为了做事，而是为了改变世界。我们就是为这种人提供工具的……我们会为那些从最开始就购买我们产品的人继续提供服务。很多时候，大家认为他们都疯了。但正是在这种疯狂中，我们看见了一个个天才。我们就是在为这些天才制造改变世界的工具。
>
> ——史蒂夫·乔布斯

---

① 这段话引自乔布斯 2005 年 6 月 12 日在斯坦福大学毕业典礼上所做的著名演讲。——译者注

乔布斯的魔力演讲
The Presentation Secrets of Steve Jobs

寻找你的核心使命

你的核心使命是什么？一旦你找到了，就充满热情地说出来。在我当记者的职业生涯中，印象最深刻的一次经历是对克里斯·加德纳（Chris Gardner）的采访。加德纳是电影《当幸福来敲门》（The Pursuit of Happiness）的原型，加德纳的角色由影星威尔·史密斯（Will Smith）扮演。

20世纪80年代，现实生活中的加德纳正为了成为股票经纪人而争取一个没有薪水的实习职位。那时他无家可归，在加州奥克兰地铁站的厕所里过夜。更糟的是，他还得照顾两岁的儿子。父子俩依偎在厕所的地板上睡觉。每到早上，他就穿上仅有的一套西装，把儿子送到一家很差的托儿所，然后去上课。最后，加德纳的成绩在全班名列前茅，如愿以偿成为一个股票经纪人，并且最终成为千万富翁。在采访他时，我问他："加德纳先生，你是如何找到坚持的力量的呢？"他的回答发人深省，直到今日，我仍铭记在心："找到一件你挚爱的事，在太阳还没升起时，你就迫不及待地想去做你热爱的事了。"

在《基业长青》（Built to Last: Successful Habits of Visionary Companies）[①]一书中，作者吉姆·柯林斯（Jim Collins）和杰里·波勒斯（Jerry Porras）研究了18家杰出企业。两位作者的结论是："超越赚钱的核心价值和使命感更能激励人。"从乔布斯早期的访谈中我们可以发现一点：乔布斯的动力来自于制造伟大的产品本身，而不是来自于计算通过制造这些产品能让他赚多少钱。

在美国公共广播电视公司制作的纪录片《书呆子的胜利：微软的发家史》（Triumph of the Nerds）中，乔布斯说："我在23岁的时候身家超过了100万美元，24岁的时候身家超过了1 000万美元，25岁的时候身家超过了1亿美元，但是这些都没有那么重要，因为我做事从来就不是为了钱。""我做事从来就不是为了钱"，成为杰出的演讲者还是一辈子陷在平庸的泥沼里不能自拔，关键就在于这句话。

[①] 《基业长青》一书中文版已由中信出版社于2009年10月出版。——编者注

乔布斯说过，"成为坟墓里最富有的人"对他而言毫无意义，"上床睡觉的时候能够对自己说，我们今天做了一些漂亮的事，这才是我的快乐和人生意义之所在"。伟大的演讲家充满激情，因为他们追随自己的内心，他们的演讲就是他们分享这种激情的平台。

马尔科姆·格拉德威尔（Malcolm Gladwell）在《异类》（Outliers）[①]中写了一件他观察到的非常好玩儿的事：促成个人计算机革命的领袖大多数出生在1955年。他说这一年是"神奇的一年"。据格拉德威尔所言，这种现象之所以不仅仅是巧合，是因为第一台"迷你计算机"牵牛星是在1975年发明的，它是个人电脑发展史上最重要的标志。格拉德威尔说："如果你在1975年之前好几年就从大学毕业了，那你属于'过去时'。你刚刚买了一座房子，已婚，孩子也马上要出生了。现实决定了你不可能辞去一份好工作、放弃退休金，不顾一切地去创业，追求仿若空中楼阁的价值397美元的计算机。"同样，如果你过于年轻，不够成熟，你也会错过参与计算机革命的机会。

格拉德威尔估计，要想成为技术工业时代的巨人，那时候的黄金年龄应该是20岁或21岁，也就是那些在1954年或者1955年出生的人。史蒂夫·乔布斯生于1955年2月24日，他正好出生在正确的时间、正确的地点，也充分利用了天时地利的优势。格拉德威尔还指出，出生在1954年或1955年的技术领袖人数多得惊人——比尔·盖茨（Bill Gates）、保罗·艾伦（Paul Allen）、史蒂夫·鲍尔默（Steve Ballmer）、埃里克·施密特（Eric Schmidt）和斯科特·麦克尼利（Scott McNealy）等，乔布斯只是其中之一。格拉德威尔的结论是，这些人之所以取得成功，恰恰是因为在当时电脑还赚不了大钱。电脑在那时候很酷，而这些人也喜欢鼓捣。格拉德威尔宣称，这件事给我们的启示就是：想要取得成功，就要做你感兴趣的事，做你爱做的事，追随你的使命。就像乔布斯说的，"你的心知道方向和希望之所在"。

[①] 《异类》一书中文版已由中信出版社于2014年4月出版。——编者注

乔布斯的魔力演讲
The Presentation Secrets of Steve Jobs

> 苹果公司的MacBook Air笔记本电脑发布之后，《纽约时报》上刊登了一篇文章，文章作者约翰·马科夫（John Markoff）写了他亲身感受到乔布斯激情的一件事。发布会后，他和乔布斯聊了半小时。马科夫提到，乔布斯在台下表现出的对于个人电脑的激情比在台上更加热烈，因为乔布斯激动地对他说："我要第一个去排队买一台MacBook Air，我已经垂涎很久了。"

世上最幸运的人

在2007年5月30日的D：数字化大会（D: All Things Digital）上，史蒂夫·乔布斯和比尔·盖茨罕见地在出现在了同一个舞台上。《华尔街日报》的专栏作家沃尔特·莫斯伯格、卡拉·斯威舍（Kara Swisher）和两位科技巨人一起探讨了很多话题。在回答一个关于比尔·盖茨在人生的"第二幕"成为慈善家的问题时，乔布斯称赞了盖茨，说盖茨让世界变得更加美好，因为他意识到"成为坟墓里最富有的人"并不是他的目标。

我相信比尔在这方面和我是一致的。我的意思是，我在一个称得上是中产阶层的家庭中长大——算中产阶层中比较偏下的吧，所以我从来没有真的担心过钱的问题。而且，苹果公司在我人生的早期就非常成功了，所以我很幸运，在那个时候我也不需要考虑钱的问题。于是，我能够从一开始就把精力集中在工作上，后来又集中在我的家庭上。我把我们两个看作世界上最幸运的人，因为我们都找到了自己挚爱的事业，又都遇到了正确的地点、合适的时间，能够在长达30年的每一天里和聪明绝顶的人一起工作，做我们喜欢做的事情。我觉得自己很难比现在更幸福了。所以我不需要考虑遗产的问题，我只想着每天早晨起床上班，跟伟大的同事在一起，希望能够制造一些产品，让大家和我们一样喜爱它们。如果我们能做到这一点，就很不错了。

在这段话中，你不会听到乔布斯谈论财富、股票期权或私人飞机之类的事情。虽然这些东西都很美好，但都不是乔布斯的动力。他的动力来自于做他喜欢做的事情——设计能让人们获得享受的伟大产品。

> 跟随你的激情，投身你热爱的事业，财富自然会随之而来。大多数人不相信这一点，然而事实就是如此。
> ——奥普拉·温弗瑞（Oprah Winfrey）

为了未来，重整旗鼓

唐纳德·特朗普（Donald Trump）曾经说过："如果你没有激情，你就没有能量；如果你没有能量，你就一无所有。"一切都始于激情。当你用激情描绘一个更加有意义的世界或一个你的顾客和员工们能够一起创造的世界时，这种激情一定能够唤起听众的热情。

盖洛普咨询公司的马库斯·白金汉（Marcus Buckingham）在他17年的职业生涯中，采访过数以千计的在各自岗位上出类拔萃的人。之后，他得出了自己的关于领袖的最佳定义："伟大的领袖用美好的未来召唤他人。"他把这一点写入他的书中——《最后，告诉你三条一定之规》(*The One Thing You Need to Know*)。

白金汉认为，每一个领袖的脑海里都有一幅未来是什么样子的生动画面。"领袖都痴迷于未来。你坐立不安地渴望改变，迫不及待地想要进步，对现状极为不满，只有这样做，你才是一位领导者。"他这样解释这一点，"作为一个领导者，你从不满足于现状，因为你能够在脑海中看见更加美好的未来，'是什么'和'可以是什么'之间的差距总是鞭策着你，激励着你，推动你前进。这就是领导力。"乔布斯对未来的设想也一定在激励着他，驱策着他前进。乔布斯有一次告诉约翰·斯卡利，他梦想世界上的每一个人都拥有一台苹果电脑。这并不只是乔布斯自己的梦想，他和所有听他演讲的人一起分享这个梦想。

真正的"布道者"都被一种救世主般的激情驱动着，渴望打造全新的体验。斯卡利曾经这样形容乔布斯："乔布斯说话的特点就是语言生动形象，并且势破如竹。他说过，'我们要做的，就是改变全世界的人们使用电脑的方式。我们有一些不可思议的想法，能够彻底地改变人们使用电脑的方式。苹果公司会成为世界上最重要的计算机公司，比IBM还要重要得多'。"乔布斯的动力从来就不是生产电脑，他有一种燃烧着的渴望——创造释放人类潜能的工具。一旦你理解了这两者之间的区别，你就能理解他著名的"超脱现实场"是从何而来的了。

> 苹果公司的发展就是一个不可思议的旅程。我的意思是，我们在苹果公司做了一些惊人的事情。在苹果公司，把我们凝聚在一起的，是我们能够制造一些产品来改变世界的信念。这非常重要。那时我们都很年轻，公司员工的平均年龄只有二十几岁。一开始几乎没有人成家，我们都像精神病人一样疯狂地工作，而且，最让人高兴的是，我们感觉是在集体创造艺术品，就像20世纪的物理学领域一样。有一些重要的东西会一直存在，人们为此贡献自己的力量，再传递给更多的人，这种效应的作用非常大。
>
> ——史蒂夫·乔布斯

电脑和咖啡的共同点

在苹果公司最著名的广告中，有一些是奇特/戴广告公司制作的。这家公司的董事长李·克洛（Lee Clow）曾经这样描述乔布斯："在乔布斯还是个孩子的时候，他就认为自己的产品能够改变世界。"这是了解乔布斯的关键，他的魅力来自于一个宏大却又简单得惊人的理念：让世界更加美好。

乔布斯让他的程序员们相信，他们在一起是为了改变世界，为了正义地对抗微软，让人们的生活更加美好。2003年，乔布斯在接受《滚石》（*Rolling Stone*）杂志采访并谈及iPod时，他认为iPod不仅是一款音乐播放器，它真正的意义远不只如此。乔布斯说道："在当今的数字时代，音乐正在发生革命性的变化，那就是重新回归人们的生活。这是一件非常美妙的事，我们正在用自己的方式让世界变得更加美好。"人们把iPod看作一个音乐播放器，乔布斯却透过iPod看到一个新世界——人们可以随时欣赏自己最爱的歌曲，不管走到哪里，都能把音乐带在身边，生活也因此变得更加丰富、美好。

乔布斯让我想到我有幸见过的另一位商界领袖——星巴克的首席执行官霍华德·舒尔茨（Howard Schultz）。在和他见面之前，我读过他的《将心注入》（*Pour Your Heart into It*）[①]。舒尔茨非常热爱自己的事业，事实上，这本书几乎每一页都体现着"激情"二字。但是不久我就发现，舒尔茨对于咖啡的激情不及他对于员工的激情，正是这些给顾客煮制咖啡的店员成就了星巴克体验。要知道，舒尔茨的核心理念并不是制作一杯美味的咖啡，他想的不仅仅是这个。舒尔茨要创造一种体验，创造一个办公室和家之外的"第三空间"，在这里，人们能够舒舒服服地和友人相聚。他要经营一家让员工感到体面又受尊重的公司。员工开心了，就能提供被整个行业视为黄金标准的顾客服务。当我后来重读当时和舒尔茨谈话的采访稿时，我惊异地发现，从头至尾，他几乎很少提到"咖啡"这个词。舒尔茨的理念和咖啡没什么关系，几乎全部是关于星巴克提供的体验的。

柯林斯和波勒斯在《基业长青》中写道："有些经理人不擅长表达自己的梦想，但只有激情和情感才能够吸引他人、激励他人。"史蒂夫·乔布斯和霍华德·舒尔茨这样的沟通专家对于自己的产品将如何改进顾客的生活质量充满激情，他们敢于表达自己的情感。无论是咖啡、电脑还是iPod，产

[①] 《将心注入》一书中文版已由中信出版社于2011年4月出版。——编者注

品本身是什么无关紧要，重要的是他们都被自己的理念所激励——改变世界，"在宇宙中留下印记"。

本书写了很多能够帮你更好地推销你的理念的技巧，但是如果你对自己的产品、服务、公司和事业缺乏激情，那么没有任何经营技巧能够弥补这一点。成功的秘密在于发现激情所在，在大多数情况下，激情都不是来自于产品本身，而是这些产品能够让顾客的生活更美好。这里有一段乔布斯说的话，节选自1996年《连线》杂志对他的采访："设计是一个很好玩儿的词。有些人认为设计是针对外观的，但如果你想得深一点儿，就会发现设计真正关注的是产品发挥作用的方式。苹果电脑的设计主要是对运作方式的设计，而不是对外观的设计，尽管外观也是其中一部分。如果你想把一个东西设计得非常好，就必须充分了解它，仔细地感受它的全部。要想彻底理解一个东西，必须把它吃透嚼烂，而不是囫囵吞枣，这需要你充满激情地专注于此。而大多数人都没有耐心做到这一点。"是的，乔布斯使用的就是"感受"这个词。正如霍华德·舒尔茨的激情并不在于咖啡这种产品本身一样，乔布斯的激情也不在于硬件，而在于要如何设计才能让一个产品更完美地工作。

> 我不太理解"魅力"这个词是什么意思，但当我遇到乔布斯时，我恍然大悟。
>
> ——拉里·泰斯勒（Larry Tesler），苹果公司前首席科学家

非同凡"想"

洛杉矶奇特/戴广告公司为苹果公司制作了一部电视广告片和一系列平面广告，这次广告宣传活动后来成为商业史上著名的活动之一。这则叫作"非同凡'想'"（Think Different）的电视广告在1997年9月28日首次播放后，迅速成为经典之作。随着历史上著名的叛逆者的黑白画面滑过屏幕

第3场 | 培养救世主般的使命感

[阿尔伯特·爱因斯坦（Albert Einstein）、马丁·路德·金（Martin Luther King）、理查德·布兰森（Richard Branson）、约翰·列侬（John Lennon）、阿梅莉亚·埃尔哈特（Amelia Earhart）、穆罕默德·阿里（Muhannad Ali）、露西尔·鲍尔（Lucille Ball）、鲍勃·迪伦（Bob Dylan）等]，演员理查德·德赖弗斯（Richard Dreyfuss）缓缓念出旁白：

> 这里有一些特立独行的人。他们不合群，他们叛逆，他们制造麻烦，与当时的社会格格不入，对事情有着不同寻常的看法。他们不喜欢规则，也不满现状。你可以引用他们的话，可以驳斥他们，也可以赞美他们或者诋毁他们。但你唯独不能忽略他们，因为他们改变了世界，推动了人类社会的进步。别人视他们为疯子，而我们视他们为天才。只有非同凡"想"，才能最终改变世界。

这则广告得奖无数，成了苹果粉丝们的最爱，并且持续使用了5年。相对于广告宣传活动的周期而言，这称得上是不朽之作了。而且，这则广告重新唤醒了公众对苹果公司的关注，也燃起了公众对于乔布斯这位计算机世界最具影响力的叛逆者的兴趣。

在《追随内心》这本书里，阿兰·道伊奇曼写到了乔布斯和《新闻周刊》（Newsweek）的记者凯蒂·哈夫纳（Katie Hafner）的一次会面。凯蒂·哈夫纳是第一个看到"非同凡'想'"广告的外人，道伊奇曼说，哈夫纳在一个周五的早上来到了苹果公司的总部，但是等了很长时间乔布斯才出现。"他终于出现了，胡子拉碴。原来他一宿没睡，通宵都在剪辑广告，已经精疲力竭了。奇特/戴广告公司的人通过卫星把剪好的片子发给他，他看后给出自己的意见。现在，终于完成了。乔布斯跟哈夫纳一起观看了这则做好的广告，结果乔布斯感动得哭了。哈夫纳回忆说：'这就是我喜欢他的原因之一，他绝对不是在演戏，而是真的被那个愚蠢的广告打动了。'"

这些广告之所以能够深深地触动乔布斯，是因为它们反映了所有那些推动他创新、超越并且最终取得成功的力量。在那些推动人类进步、改变世界的名人的面孔中，他看到了自己。

作为一名记者，我知道每个人都有故事可讲。我意识到，并不是每一个人都能制造出改变人们生活、工作、娱乐和学习方式的电脑。但是，事实上，我们中的大多数人都在售卖一种产品或正在研究一种产品，这种产品总能在某种程度上让顾客的生活变得更加美好。不管你从事的是农业，还是汽车、技术、金融或其他任何行业，你都肯定有一个伟大的故事可以讲。深入一点儿，找到你的激情所在。找到了，就和你的听众分享这种激情。人们希望被感动、被激励、被启发，他们总是想要信仰些什么，就让他们信任你吧。

乔布斯有一次说："我特别喜欢韦恩·格雷茨基（Wayne Gretzky）说过的一句话，'我总是滑向冰球要到的位置，而不是到过的位置'。在苹果公司，我们一直努力这样做。从一开始就如此，也会永远如此。"

导演手记

- 深入挖掘你真正的激情所在。问自己："我卖的到底是什么？"注意，答案不是产品，而是你的产品如何能让顾客的生活更加美好。你出售的是获得更美好生活的梦想。一旦你确定了自己的激情所在，就积极地告诉别人吧。

- 想一句个人的"激情宣言"。用一句话告诉你的潜在顾客，为什么你对于跟他们合作感到如此兴奋。就算人们把你的公司的愿景忘记了，他们也会一直记得你的激情宣言。

- 如果你想做一个能够启发众人的演讲者，而你所从事的工作又不是你喜欢的，那你就要考虑换一份工作了。我采访过几千个成功的领导者，我可以告诉你，尽管做讨厌的工作也可能赚到钱，但你永远都成不了一个优秀的演讲者。激情——让世界更加美好的救世主般的使命感，就是让你与众不同的关键所在。

■ 第 4 场 | 使用短标题

> 今天，苹果公司重塑了手机。
> ——史蒂夫·乔布斯，在 2007 年 Macworld 大会上的演讲

"欢迎大家来到 2008 年 Macworld 大会。今天的空气中显然有一些不同寻常的气息。"史蒂夫·乔布斯用这句开场白为他的主题演讲中要发布的重要消息埋下了伏笔，那就是一款超薄笔记本电脑的推出。没有哪一款便携式电脑能和这台 3 磅[①]重、0.16 英寸[②]厚的笔记本电脑相比，有些观察家称其为"梦幻本"。史蒂夫·乔布斯早就知道人人都会去寻找合适的语言来描述这台电脑，所以他先替他们找到了："MacBook Air，世界上最薄的笔记本电脑。"

MacBook Air 是苹果公司推出的超薄笔记本电脑，对这台电脑的最佳描述就是"世界上最薄的笔记本电脑"。在 Google 上搜索"世界上最薄的笔记本电脑"，你会发现，有 3 万多个网页引用了这种说法，其中大多数是在发布会之后才有的。乔布斯用一句最能反映产品特质的描述，或者叫作标题，

---

① 1 磅≈ 0.45 千克。——编者注
② 1 英寸≈ 2.54 厘米。——编者注

揭开了新产品的神秘面纱，让人们终于不用再继续猜测了。乔布斯使用的标题非常有效，以至于媒体经常会不加任何修改地逐字引用。你要知道，记者（和你的观众）在为你的产品寻找一个合适的分类，也在寻找一种用一句话就能清楚描述你的产品的方式。你应该接管这一工作，自己撰写标题。

标题不要超过140个字符

乔布斯创作的标题很具体，很好记，而且它们最大的优点就是简短，一条推特就装得下。推特网是一个快速发展的社交网站，是很多人生活的一部分。数以百万计的用户把他们生活中每天发生的事记录在推特上，还可以选择一些人，关注他们的生活。推特网正在从根本上改变商业沟通的方式，迫使人们把信息写得简明扼要。一条推特最多能装下140个字符。这里，字符包括字母、空格和标点。例如，乔布斯对于MacBook Air的描述，包括句点在内，共使用了30个字符："The world's thinnest notebook."（世界上最薄的笔记本电脑）。

对于几乎每一款产品，乔布斯都有一个一行式的描述，而且这些仔细推敲过的描述都是在演讲、发布会以及市场宣传材料定稿之前就写好的。最重要的是，这些标题具有很强的一致性。2008年1月15日，也就是MacBook Air发布的那一天，苹果公司的每一个宣传渠道都在重复着同一个标题。这些渠道包括演讲、网站、访谈、电视广告、户外广告牌和海报。

在表4–1中，你可以看到苹果公司和乔布斯在推广MacBook Air时的一致性有多强。

表4–1　乔布斯在推广MacBook Air时处处一致的标题

标题	来源
"MacBook Air是什么？一言以蔽之，世界上最薄的笔记本电脑。"	主题演讲
"世界上最薄的笔记本电脑。"	乔布斯演讲所用的幻灯片中的句子

（续表）

标题	来源
"这就是MacBook Air，它是世界上最薄的笔记本电脑。"	在主题演讲之后接受CNBC采访，推广新发布的笔记本电脑
"我们决定制造世界上最薄的笔记本电脑。"	在同一次采访中再次提到MacBook Air
"MacBook Air，世界上最薄的笔记本电脑。"	苹果公司主页上新产品大幅照片的标题
"苹果公司推出MacBook Air——世界上最薄的笔记本电脑。"	苹果公司的新闻稿
"我们已经制造出世界上最薄的笔记本电脑。"	该新闻稿中引述的乔布斯的话

大多数的演讲者都不能用一句话描述他们的公司、产品或服务。大家应该能理解，如果在准备阶段没能想好一个备用标题，那么在后来就几乎不可能传达处处一致的信息。一定要想好一个标题，让整个演讲都围绕着这个标题展开。

为市场闪电战做好准备

乔布斯在台上说出新产品推广标题的一瞬间，苹果公司的公关和市场团队立刻全速跟进、Macworld大会会场内挂起了巨幅海报，路边竖起了广告牌，苹果公司官网首页出现了新产品的信息和标题，同时，在报纸、杂志、电视和广播广告中，也会出现新的标题。不管标题是"把1 000首歌装进你的口袋"还是"世界上最薄的笔记本电脑"，都会步调一致地在苹果公司所有的市场营销渠道中不断重复出现。

今天，苹果公司重塑了手机

2007年1月9日，《微电脑世界》(PC World)登载了一篇文章，宣布苹果公司即将用一款新设备"重塑手机"，这款设备把三种产品融为一体：一部iPod、一部移动电话和一个互联网通信设备。这种新产品无疑就是iPhone。iPhone的确掀起了手机工业的革命，并且被《时代周刊》(Time)誉为"年度最佳发明"。（在发布仅仅两年后，截至2008年年底，iPhone就已经占据了智能手机市场13%的份额。）《微电脑世界》的编辑使用的标题并不是他们自己构思的，而是由苹果公司的新闻稿提供的，史蒂夫·乔布斯在Macworld大会的主题演讲中反复强调了这一标题。苹果公司的标题具体、好记，而且一以贯之："苹果公司重塑了手机"。

在乔布斯发布iPhone的主题演讲中，他一共说了5次"重塑手机"。在向观众介绍完iPhone的性能之后，他再一次向观众重申："我想，当你有机会把iPhone握在手里时，你会认同我的观点——我们重塑了手机。"

乔布斯不会等媒体自己创作标题。他自己创作，然后在演讲中反复强调。乔布斯在阐释产品的细节之前，会先把标题打出来，然后才会用现场演示的形式描述新产品。最后，就在全部解释结束之前，再一次重复那个标题。

举例来说，乔布斯第一次介绍GarageBand（车库软件）时，他是这样说的："今天我们将发布一款非常酷的产品：iLife家族的第5位成员，它的名字叫GarageBand。GarageBand是什么？它是一款重要的新一代专业音乐创作工具软件，但它是为我们大家设计的。"乔布斯此时使用的幻灯片也在呼应这一标题。当他宣布GarageBand的标题时，屏幕上的幻灯片显示的是："GarageBand，新一代专业音乐创作工具软件。"接着，在说完标题之后，乔布斯又用稍长的一句话概括描述了这款产品的特性，告诉观众："它能做到的就是，用你的苹果电脑创作音乐也能达到专业录音室录制出的音乐效果。"这是乔布斯发布产品时使用的典型方法：说出标题，解释标题，再反复强调。

简约的苹果电脑，体验飞速上网

最早的iMac一体机（i代表互联网）使浏览网页变得前所未有地容易。消费者只需两步，就能连接到互联网。在一则流行的苹果公司广告里，演员杰夫·戈德布拉姆（Jeff Goldblun）说："没有第三步。"1998年的那场发布会激发了计算机行业的全部想象力，成为20世纪90年代最具影响力的电脑发布活动。Macworld.com网站的内容显示，这款iMac救赎了1997年刚刚返回苹果公司的乔布斯，也挽救了苹果公司。当时，媒体普遍认为苹果公司已经濒临倒闭。新电脑在一些方面出乎很多人的预料，甚至连软盘驱动器都没有，这在当时是一个非常大胆的决定，也饱受质疑。乔布斯必须为这款产品制造兴奋点。

在发布这款电脑的时候，乔布斯说："iMac秉承苹果电脑一贯的简约风格，让你飞速上网。"说这句话时，乔布斯身后的幻灯片只有简单的一行字："iMac, 互联网为之欢呼雀跃，麦金塔电脑的简约时尚。"然后，乔布斯解释了这款电脑的目标群体：想要"简单并快速"上网的学生和普通消费者。

乔布斯创作的标题效果很好，因为都是站在使用者的角度写的。这些标题回答了那个问题："这和我有什么关系？"iMac和你有什么关系？它能让你体验到飞速上网的兴奋感。

把1 000首歌装进你的口袋

世上最佳的标题式广告语似乎都是由苹果公司创造的。据利安德·卡尼（Leander Kahney）说，对第一代iPod的产品描述是由乔布斯本人敲定的。2001年10月23日，乔布斯本可以这样说："今天，我们发布一款全新的、超便携的数字音乐播放器，仅重0.19千克，硬盘存储量为5GB（吉字节），还拥有苹果产品传奇般的易用性。"当然，乔布斯并没有这样说。他只是简单地说了一句话："iPod，能把1 000首歌装进你的口袋（1000 songs in your pocket.）。"没有人能用更简洁的语言更好地描述iPod了。"把1 000首歌装进你的口袋",除此之外,还有什么好说的呢?一句话就把故事讲完了,而且也回答了那个问题:这和我有什么关系?

很多报道iPod发布活动的记者在自己的文章里引用了这句话。美联社的马修·佛达尔(Matthew Fordahl)在发布会当天写的文章标题就是"苹果的全新iPod播放器'能把1 000首歌装进你的口袋'"。苹果公司的标题式广告语很好记,因为它符合三条标准:简洁(27个字符)、具体(1 000首歌),还说明了能够带给消费者的好处(能把歌装进你的口袋)。

以下是符合以上三条标准的苹果公司其他标题的例子。尽管这些标题有的稍多于10个单词,但都不超过140个字符。

- "全新iTunes商店,所有歌曲皆无DRM[①]。"(The new iTunes store. All songs are DRM-free.)
- "全行业最环保的笔记本电脑。"(2008年10月,发布新MacBook笔记本电脑系列。)
- "全球最流行的音乐播放器进一步升级。"(2008年9月,发布第4代iPod nano。)
- "iPhone 3G,速度翻番,售价减半。"(2008年7月,发布iPhone 3G。)
- "给Mac用户更多理由爱Mac,给PC用户更多理由换Mac。"(2007年7月,发布iLife'08。)
- "苹果公司重塑了手机。"(2007年1月,发布iPhone。)
- "专业桌面系统的速度和屏幕,全球最佳的笔记本设计。"(2006年4月,发布17英寸MacBook Pro。)
- "Mac平台最快浏览器,很多人会视其为史上最佳浏览器。"(2003年1月,发布Safari浏览器。)

[①] DRM,即Digital Rights Management,意为数字版权管理,是一种数字媒体加密技术,带有DRM的歌曲需要在特定设备上,通过授权单位繁琐的解密过程才能播放。——译者注

改变世界的标题

当被称为"Google小子"的谢尔盖·布林（Sergey Brin）和拉里·佩奇（Larry Page）走进红杉资本（Sequoia Capital）公司的大楼为他们的新搜索引擎技术寻找投资时，只用了一句话描述他们的公司："Google一键通世界"（Google provides access to the world's information in one click.）。这句话有63个字符，10个单词。一位Google的早期投资人对我说，就是这10个单词，使投资者马上就知道了Google的技术意味着什么。从那以后，凡是进入红杉资本公司大楼的创业者都被要求提供自己的"一句话"（one-liner），也就是用一句话来描述他们的产品。就像一位投资者跟我说的那样："如果你不能用10个单词跟我说清楚你在干什么，我就不会投资或收购，我也没有兴趣，谈话就此结束。"以下是一些改变了世界的只包含10个或10个以内单词的标题：

- "思科改变了我们生活、工作、娱乐和学习的方式。"（Cisco changes the way we live, work, play, and learn.）思科公司首席执行官约翰·钱伯斯总是在接受采访和演讲中重复这句话。
- "星巴克创造工作和家庭之外的'第三空间'。"（Starbucks creates a third place between work and home.）星巴克首席执行官霍华德·舒尔茨在向早期投资者陈述自己的理念时如是说。
- "每个家庭都有一台电脑。"（We see a PC on every desk, in every home.）微软联合创始人比尔·盖茨向史蒂夫·鲍尔默描述自己的理念时如是说。鲍尔默在刚加入微软时，一度怀疑自己的决定，但是他说盖茨的这句话让他决定坚持做下去。现在，他是微软的首席执行官，个人净资产多达150亿美元，他应该庆幸自己当初决定坚持下去。

在标题大战中，Keynote 胜过 PPT

微软的 PPT 相对于苹果公司的 Keynote 演示软件来说有一个巨大的优势：无处不在。微软控制着 90% 的计算机市场，而在那 10% 的使用苹果电脑的用户中，也有很多人在使用苹果版的 PPT。虽然对于在演讲中实际使用 PPT 软件的人数和使用 Keynote 软件的人数我们不得而知，但是我们可以很确定地说，后者肯定连前者的零头都不到。虽然大多数熟悉两种软件的演讲者更愿意使用更加优雅的 Keynote，但是他们也一定会告诉你，他们的大多数客户是用 PPT 工作的。

我在第 1 场提过，本书和软件无关，因为所有的演讲技巧同时适用于 PPT 和 Keynote。话虽如此，Keynote 毕竟是乔布斯本人的选择，而且，乔布斯在介绍 Keynote 时使用的短标题显然非常吸引人："这是我们今天发布的又一款全新的程序，叫作 Keynote。"在 2003 年 Macworld 大会上，乔布斯这样告诉他的观众：

> 当你的演讲十分关键时，Keynote 就是你的选择（此时幻灯片上显示：当你的演讲十分关键时）。并且，Keynote 本来是为我自己设计的（幻灯片显示：为我设计）。我需要一款软件来制作在 Macworld 大会上为你们做演讲时使用的幻灯片：高度视觉化。苹果公司为我设计了这款软件，现在我想和你们一起分享。我们用很低的薪水聘请了一位试用版测试员来测试这款软件，长达一整年时间，这个人就是他（此时屏幕上出现了乔布斯的照片，观众大笑）。与其用一堆关于幻灯片的幻灯片来解释，我还不如直接给大家演示一下如何使用这款软件（走向舞台右侧现场演示新软件）。

我们再一次看到，在苹果公司所有围绕新产品发布的营销材料中有着惊人的一致性。在苹果公司为 Keynote 撰写的新闻稿中，将其宣传为"当你的演讲十分关键时，Keynote 就是你的选择"。这则标题很容易用推特发布，没有解释细节，而是用一句话讲完整个故事。想了解更多细节的顾客可以阅读苹果公司的新闻稿，也可以观看乔布斯的演示，还可以观看苹果公司网站上的在线演示视频。不过，标题本身包含的信息已经足够多了。我们能够据此得知，这是一款专门为重要场合的关键演讲设计的新软件，当演讲能够成就你的事业或帮你突破事业瓶颈时，你就应该使用这款软件。额外的好处是，它是专为乔布斯设计的。对于那些经常演讲的人来讲，这个标题足以让他们备感有趣并跃跃欲试了。

记者们从进入传媒学院的第一天开始就得学写新闻标题。标题能够吸引读者阅读报纸、杂志或推特上一篇文章的具体内容，标题很重要。随着每一个人都逐渐成为自己的博客、演讲、推特和市场营销材料的版权作者，学着创作能吸引眼球、描述产品具体特性的标题对于事业成功来说，已经变得至关重要。

导演手记

- 创作自己的标题，即描述你的公司、产品或服务性质的一句话。最有效的标题都是简短的（最多140个字符），具体并且能够说明其对顾客而言的好处。

- 在所有的谈话、营销材料（演讲、幻灯片、宣传单页、新闻稿、网站，以及其他辅助市场渠道）中步调一致地不断重复这个标题。

- 记住，你的标题要能使你的客户看到一个更好的未来。标题不是关于你自己的，而是关于他们的。

第5场 | 画一幅路线图

> 今天，我们将推出三款革命性产品。
> ——史蒂夫·乔布斯，在iPhone发布会上的演讲

2007年1月9日，乔布斯在第一次向公众介绍iPhone时说："今天，苹果公司重塑了手机。"这句话如电流一般让现场的成千上万的苹果忠实用户为之一震。

不过，在说出这个标题之前，为了增加戏剧性和设置悬念，乔布斯告诉观众苹果公司要发布的不是一款而是三款革命性产品。他说第一款产品是一部触控式宽屏iPod。说完这句话，观众席只有零星的掌声。然后，乔布斯说第二款产品是一部革命性的移动手机，观众以热烈的掌声表示欢迎。接着，他说第三款产品是一个具有突破性的互联网通信设备。这时，观众都靠在了椅背上，等着他对所谓的三种新产品进行进一步的介绍，没准儿还会有现场演示——不过真正激动人心的时刻还没有到来。乔布斯接着说："三种产品：一部宽屏触控iPod，一部革命性的移动手机和一个具有突破性的互联网通信设备。一部iPod、一部手机和一个上网设备，一部iPod、一部手机——你们懂了吗？这些不是三个独立的产品，而是一款产品，我们称之为iPhone！"观众听后完全疯狂了，乔布斯此时也激动万分，苹果公司的新产品发布活动

乔布斯的魔力演讲
The Presentation Secrets of Steve Jobs

又一次成功地推出了一个能够巩固苹果公司作为全球最具创新力公司地位的新产品，乔布斯显然十分享受这一刻。

乔布斯为他的观众口头描绘了一幅路线图，也就是即将说到的重点的预览。通常来讲，这些路线图的主线总是以三个为一组——一场演讲可以分成"三幕"，一个产品描述可以分成"三个特性"，一次现场演示也往往分成"三个部分"。乔布斯对于"三"的偏爱至少可以追溯到1984年1月24日第一款麦金塔电脑发布的时候。在加利福尼亚州库比提诺市的燧石中心，乔布斯对他的观众说："计算机业目前只有两个里程碑式的产品：1977年的Apple II电脑和1981年的IBM PC机。今天，我们将向大家介绍本行业的第三个里程碑式产品——麦金塔电脑。这台电脑棒极了！"

口头描述能起到路线图的作用，帮助你的观众了解你的故事的来龙去脉。我在辅导客户如何与媒体交流时，总是教他们创作一个让听众容易了解的故事——先清晰地提炼出三个，或最多不超过四个要点，然后填充细节。使用这种技巧时，记者通常会记下大量笔记。如果说话的人漏掉了一点，记者就会问："你不是说要讲三点吗？我只听到了两点。"三步演讲路线图能帮助你的听众跟上你的节奏，知道自己"身在何方"。请看图5–1。

图 5–1　乔布斯在他的演讲中坚守"事不过三"原则

资料来源：ROBYN BECK/AFP/Getty Images

我们的短时记忆，或者叫作"活跃"记忆，只能记住少量的信息，这一点已经是公认的事实。1956年，贝尔实验室的研究科学家乔治·米勒（George Miller）发表了一篇经典论文——《神奇的数字7，加2或减2》（*The Magical Number Seven, Plus or Minus Two*）。米勒在其中引用了一些研究，这些研究表明，当数字位数超过7时，我们的短期记忆就很难有效发挥。当代的科学家认为，我们能够轻易记住的事物的数量更少，只有三四个。所以，难怪乔布斯很少提供超过三或四个关键信息点。在乔布斯的演讲中，三出现的频率远多于四。乔布斯知道，"事不过三"原则是沟通理论中最强有力的概念之一。

数字"三"的魔力

听众喜欢列表。但是你的列表中应该包含几项内容呢？

答案就是"三"，一个神奇的数字。

喜剧演员知道三比二好笑；作家知道三比四更富戏剧性；乔布斯知道三比五更能说服别人。每一部伟大的电影，每一本书，每一部戏剧或每一场演讲都是三幕式结构。曾经有三个火枪手，而不是五个。金发歌蒂遇见了三只熊，而不是四只。有活宝三人组，而不是二人组。美国橄榄球联盟（NFL）的传奇教练文森·隆巴迪（Vince Lombardi）对他的队员说，生命中有三件最重要的事情：家庭、信仰和绿湾包装工队（Green Bay Packers）。而且，美国的《独立宣言》宣称美国人有"生命权、自由权和追求幸福的权利"，而不是只有"生命权和自由权"。"事不过三"原则是写作、展现幽默的一项基本原则，也是乔布斯演讲时遵循的基本原则。

美国海军陆战队就这一话题进行过广泛的研究，得出的结论是：三比二或四都更加有效。海军陆战队的内部组织都划分成三个部分：一名下士指挥一支三人的队伍，一名中士指挥一个班的三个步枪组，一名上尉手下有三个排，诸如此类。海军陆战队的人把这些东西都研究好了，我们何必费事再研究一遍呢？直接运用这个规律吧！但是，遵守"事不过三"原则的演讲者是如此之少，以至于只要你肯用，你就能轻易脱颖而出。"事不过三"原则对海军陆战队有效，对乔布斯有效，对你也有效。

2005年6月6日，在苹果公司全球开发者大会上，乔布斯宣布了从使用IBM的PowerPC芯片转变为使用英特尔处理器的决定。他说：

> 我们来谈一谈转换。到目前为止，麦金塔电脑的历史上已经有过两次主要的转变（开始列出三个要点）。第一次，从使用68K芯片转变为使用PowerPC芯片。那次转变发生在十几年之前的20世纪90年代中期。PowerPC芯片为那10年间苹果公司的发展奠定了基础。这次转变是一个英明的决定。第二次转变更大一些，那就是，从使用OS 9系统转变为使用OS X系统，在几年前完成。这是一次大脑移植。尽管这两个操作系统在名称上只是变了一个字符而已，在技术上却是两个不同的世界。OS X系统是这个星球上最先进的操作系统，已经为苹果公司接下来20年的发展打下了良好的基础。今天，是时候启动第三次转变了，我们想永远为你们以及其他用户制造最好的电脑。是时候启动第三次转变了，是的，传闻是真的。我们即将启动从PowerPC到英特尔处理器的转变（强调完毕）。

叙述的时候以三个关键信息为一组能给你的观众提供指引，告诉人们刚才你讲到哪里了，将要讲到什么。在上述引文中，乔布斯设定了"转变"的主题，我们会假定至少有三次转变，因为乔布斯解释过了，麦金塔电脑已经经历了两次转变。同时，乔布斯也充分利用每一点来制造戏剧效果。第一次转变是一次"英明的决定"，第二次"意义更大一些"。顺理成章地，第三次转变肯定非同小可。

苹果公司的"三条腿木凳"

在2008年6月举行的苹果全球开发者大会上，乔布斯展示了一张幻灯片，上面是一个三条腿的木凳。他说："你们都知道，苹果公司现在有三个部分了。第一部分，当然是苹果电脑。第二部分，是我们的音乐业务，包括iPod和iTunes。第三部分就是iPhone。"乔布斯接着分别介绍了将要在下面的演讲中介绍麦金塔电脑和iPod事业的高管。①他自己主要负责iPhone的介绍。

在演讲进入iPhone部分时，他再一次为听众描述了一幅路线图。这一次，路线图分为五个部分："再过几个星期，我们将迎来iPhone的第一个生日。我们在2007年6月29日卖出了第一台iPhone。那是一次神奇的发布会，是我们做过的最神奇的产品发布会。iPhone在产品测评领域备受赞誉，好评如潮。iPhone永远地改写了手机的历史，但是要想到达更高的水平，我们还要再越过几座高山。有哪些挑战呢？第一，3G网络支持——更高速的网络；第二，企业用户支持；第三，第三方应用程序支持；第四，我们需要在更多的国家出售iPhone。"

就这样，乔布斯带着观众预览了他将要详细讨论的四个要点。②接着，他返回第一个要点，展开讨论："在我们即将迎来iPhone的第一个生日之际，我们将要更进一步，今天我们向世界介绍iPhone 3G。"在乔布斯的演讲中，这种手法屡试不爽。他总是先概括三个或四个要点，然后回到第一个要点，逐一详细讨论，最后对每一点稍加总结。这种方法非常简单，能够保证你的观众记住你跟他们分享的全部信息。③

---

① 乔布斯在演讲中的确用过三条腿木凳的比喻，但是当年苹果公司全球开发者大会的演讲实际上分成两个部分，乔布斯主讲的iPhone部分在上午进行，午饭过后是由苹果公司当时负责OS X系统的资深副总裁伯特兰·赛莱特（Bertrand Serlet，已于2011年3月宣布离职）主讲，话题是OS X系统10.6版。这次演讲并没有关于iPod的内容。——译者注

② 乔布斯在预览iPhone 3G部分时，实际上提出了5点，而不是作者说的4点。作者没有提到的第5点是更加优惠的价格。——译者注

③ 虽然列出了5点，但是第二点"企业用户支持"和第三点"第三方应用程序支持"已经在进入iPhone 3G部分之前，在关于iOS2.0（当时叫iPhone 2.0软件）的部分详细讨论过了，乔布斯在说这两点时都是一句带过，没有任何展开。——译者注

《今日美国》的方法

记者们都受过这样的训练：把复杂的观点精炼成具体的要点。读一读美国最流行的报纸《今日美国》，你会发现大多数文章都会把主要观点凝练成以三个作为一组的形式。当英特尔推出一种更快的迅驰Ⅱ芯片时，该报的记者米歇尔·凯斯勒（Michelle Kessler）做了相应的报道。凯斯勒列出了三个具体的好处，并且解释了这三点为什么重要，也就是跟读者有什么关系。

- **电池供电时间**。"即便是世界上最好的笔记本电脑，在电池没电时也没什么用了。英特尔的新芯片拥有一个超低功耗的处理器和其他节省电量的工具。"
- **图形性能**。"以往，笔记本电脑都使用低端的图形处理芯片。但是现在26%的笔记本电脑都有强大的独立显示芯片组，而且越来越多的人在笔记本电脑上看电影、玩游戏，或是使用其他对图形处理芯片性能要求较高的程序。"
- **无线网络**。"英特尔新的芯片产品线兼容最新版本的Wi-Fi，也就是802.11n。今年晚些时候，英特尔还计划推出使用全新无线互联网标准的芯片组。这种新的无线标准被称为WiMax，信号能够传递数英里。"

凯斯勒向我们证明，你能把最复杂的技术或者观点拆解开来，描述成三个清晰的要点。

埃德·贝格（Ed Baig）也为《今日美国》撰写文章，评测最新的科技产品。贝格在试用过微软的新版操作系统Windows 7的测试版之后，总结出三个亮点：

- **易操作**。"任务栏上的图标比以前的大，你想怎么排列都可以。"

- **安全性。**"Windows 7 不会在你每次打开程序或改变设置时跳出来讨厌的安全通知，让你抓狂。"
- **兼容性。**"尽管还在测试版阶段，Windows 7 却能正确地识别我的打印机和数码相机。"

贝格、凯斯勒以及其他顶级记者在写作时，都把内容分成好写的几大块来分别处理，这样读者更容易阅读。乔布斯也是如此。他在准备演讲内容时，就像一个《今日美国》的记者撰写产品测评文章一样：先写标题，再写简介，写三个要点，最后加上总结。

乔布斯和鲍尔默都喜欢数字"三"

2009 年 1 月，微软首席执行官史蒂夫·鲍尔默拉开了在拉斯韦加斯举行的消费电子产品展的帷幕。这次，他取代比尔·盖茨第一次在该展会上发表主题演讲，因为后者已把注意力转向了慈善事业。连续 15 年，以微软公司的主题演讲为展会的开幕活动已经成了一种传统，此前几乎所有的主题演讲都是盖茨做的。在演讲这方面，鲍尔默和盖茨截然不同，他的演讲是充满激情、振奋人心的。他的演讲中没有少数内行人才听得懂的行话，也没有让人听了脑袋嗡嗡响的技术术语。鲍尔默还懂得"事不过三"原则在为观众提供路线图方面的价值，他的演讲从头到尾都是以三点为一组。以下是从他的主题演讲中摘取的几个例子：

- "我想花点儿时间跟大家谈论一下整个经济环境，我们所处的计算机行业，以及微软最近所做的工作。"
- "想到机会时，我会在头脑中把机会分成三个领域。第一个领域的机会，就是把人们每天使用的三块屏幕融合起来：把电脑、手机和电视的屏幕变成一块……第二个领域的机会，是如何用一种更加自然的方式与电脑及其他设备交互……最后一个领域的机会，就是我所谓的连接体验。"

- "回望过去，三件事促成了Windows操作系统和PC的成功。第一，PC孕育了最好的应用程序，并且让它们协同工作；第二，PC让人们对于硬件的选择范围更加广泛；第三，Windows体验让所有人能够一起工作。"
- "我们即将发布迄今为止最好的Windows版本，我们在其中放入了所有的好东西：简洁、可靠、速度。"

鲍尔默在一次演讲中使用了不下五次这种以三个为一组的概括方式，使他的演讲比盖茨的任何一次演讲都容易理解。尽管苹果公司和微软公司是死对头，但是鲍尔默和乔布斯都明白，用清晰易懂的语言解释复杂的技术，是吸引现有和潜在客户注意力的第一步。

"事不过三"原则是如何帮助杜邦公司应对经济危机的

管理大师拉姆·查兰（Ram Charan）在他的著作《经济前景不明朗时期的领导力》（Leadership in the Era of Economic Uncertainty）一书中写到了跨国巨头杜邦公司是如何在2008年积极应对经济危机的。首席执行官查德·霍里迪（Chad Holliday）与公司高管和经济学家会面，制订了10天之内可执行的危机应对方案。杜邦彼时有6万名员工，管理人员要用平实的语言向每一名员工解释公司要实现的目标，然后，员工会被要求列出三件他们能做的可以节省现金和减少成本的事情。杜邦公司认为，如果员工觉得任务量太大扛不下来，就不会采取任何行动。但是，"三"却是一个可以操作的有意义的数字，能够激发员工采取行动。

将路线图作为议事日程

乔布斯用一句相当于口头提纲的形式揭开了 2008 年 Macworld 大会的序幕（乔布斯的演讲中从没有写着议程的幻灯片，他总是口头给观众描绘路线图）。他说："今天我想跟大家说四件事，让我们现在就开始吧。"

> 第一件事，是关于"花豹"操作系统的。我无比激动地告诉大家，在发布该系统后的最初 90 天里，我们就卖出了 500 万套。这简直令人难以置信！这是迄今为止发布得最成功的 Mac OS X 操作系统……第二件事，是关于 iPhone 的。今天恰巧是 iPhone 开始发售的第 200 天。我非常高兴地告诉大家，到今天我们已经售出了 400 万部 iPhone……好了，开始说第三件事，也是一个好消息，是关于 iTunes 的。我真的很高兴地告诉大家，就在上周，我们卖出了第 40 亿首歌曲。这难道不是一件非常好的事吗？在圣诞节那天，我们创造了一项新纪录，一天之内卖出去 2 000 万首歌。难以置信吧？这就是我们最新的一日销售纪录……接下来我们说第四件事，空气中飘荡着某种特殊的气息。是什么呢？你们知道，苹果公司制造了业内最好的笔记本电脑：MacBook 和 MacBook Pro。今天，我们将发布第三种类型的笔记本电脑，我们把它叫作 MacBook Air……

乔布斯每宣布一个数字时他的幻灯片上都只有一张图片，就是这个数字本身（1、2、3、4）。在第 8 场，我们会更加透彻地探讨乔布斯所用幻灯片的简洁设计，但是现在你就应该记住，你的幻灯片应该和你的陈述互为补充，而没有必要把幻灯片做得过于复杂。

世界上最伟大的演讲稿撰稿人都知道……

约翰·肯尼迪（John F. Kennedy）的演讲稿撰稿人特德·索伦森（Ted Sorensen）认为，演讲稿应该是为耳朵而写的，而不是为了眼睛。他写的演讲稿会把讲话的目的逐条列出来，以方便听众理解。在1961年5月25日的美国议会联席会议上，肯尼迪的演讲就是索伦森所述技巧的绝佳例证。为了说服议会同意对太空探索投入巨大预算，肯尼迪说道：

第一，我相信这个民族应该在这个10年致力于完成一个目标，那就是把人类送上月球，再安全返回地球。在当前，没有一个太空工程能比登月更让人印象深刻的了，对于远距离太空探索来说，也没有哪一个太空工程比登月更加重要……第二，在已经提供的700万美元的基础上，再追加2 300万美元，就能加速Rover号核动力火箭的研发……第三，追加5 000万美元，就能通过加速人造卫星在全球通信上的应用，充分巩固我们目前的领导地位，并获得最大的利益。第四，追加7 500万美元，就能帮助我们第一个建立起全球气象观测卫星系统。更直白地说，我是在呼吁议会和国家坚定地致力于一个新的行动路线，走这条路需要很多年，需要投入很多……如果我们半途而废，或者在困难面前变得目光短浅，那么在我看来，还不如干脆不走这条路。

美国总统巴拉克·奥巴马（Barack Obama）非常喜欢肯尼迪的演讲，他也应用了索伦森的一些技巧，让自己的演讲更能打动别人。以下是一些遵循了"事不过三"原则的奥巴马演讲的例子，第一个例子是他在2004年民主党全国大会上的主题演讲，这次演讲使他首次进入了大众视野：

> 我相信我们能给中产阶层一些救济，为工薪阶层的家庭提供一些机会……我相信我们能给没有工作的人一份工作，给没有住所的人一个安身之处，并帮助全美各个城市中那些沉溺于暴力、感到绝望的青年人重回正轨……我相信我们都能感到背后有一股正义的风。当来到历史岔路口时，我们能做出正确的选择，成功应对我们所面临的挑战。

正如刚才这段节选所展现的那样，奥巴马不但把演讲分成了包含三句话的段落，而且还经常在一句话内包含三点内容。

2009年1月20日，当奥巴马宣誓就任美国第44任总统时，他对着约200万现场观众以及世界各地电视机前数百万的观众发表了历史性的演讲。在这次演讲中，奥巴马频繁运用"事不过三"原则：

- "今天，我站在这里，面对我们的目标深感任重道远，对于你们的信任深感无以为报，想到前辈的牺牲深感痛心难忘。"
- "人们失去了住所，找不到工作，很多企业也相继倒闭。"
- "我们的医疗保险费用过于昂贵，我们的教育质量太差，而且每天都有新的证据表明我们利用能源的方式增强了对手的力量，但却威胁了我们生存的地球。"
- "今天，我告诉大家，我们面临的挑战是真实存在的，是非常严重的，并且挑战有很多。"
- "我们工人的生产力比危机发生时没有一丁点儿的提高，我们也没有比当初更具创意，人们对于产品和服务的需求也没有比上个月或上一年更多。"

乔布斯不但会把演讲分成几个部分，还会用包含三四个项目的列表来描述产品的特性。乔布斯在2005年说："iPod有三次主要的突破：第一，它做到了超便携"（5GB，能把1 000首歌装进你的口袋）；第二，我们开发应用了火线接口[乔布斯解释了一下火线能够用5~10秒的时间把整张CD（光盘）的内容下载到iPod里，而USB（通行串行总线）接口却需要5~10分钟]；第三，iPod的电池续航时间超长（乔布斯接着描述了iPod的电池可以连续播放音乐长达10小时）。"

本章自然而然成为全书最长的章节，因为乔布斯的每一次演讲都包含口头路线图，在他的每一次演讲中"事不过三"原则都扮演了重要的角色。就算在不使用幻灯片的传统主题演讲中，乔布斯也遵循"事不过三"原则。在那次非常著名的斯坦福大学毕业典礼上的演讲中，乔布斯是这么开头的："今天，我要告诉大家我生命中的三个故事。"他的整个演讲都遵循着这个提纲，他讲述了他生命中发生的三个故事，解释了这些故事教给他的道理，然后把这些故事变成向台下毕业生讲授的一课。

应用"事不过三"原则

我们已经学到，商界领袖经常通过把信息提炼成三四个要点来准备重要的电视访谈或主题演讲。我知道这一点，因为我就是这么教他们的！如果有人要就这本书的话题对我进行采访，我就会这样应用第4场和第5场的演讲技巧：我会先创作一个不超过140个字符的标题："像乔布斯一样演讲"。然后，我会写下三个大的要点：（1）创作故事；（2）登台演讲；（3）精心包装。在每一个要点下，我会使用多种修辞技巧来加强陈述的效果：讲故事、举例子、列举事实等。以下就是一个关于访谈将会如何展开的缩略版例子。

    记者：卡迈恩，谈谈这本书吧。

    卡迈恩：本书首次揭示了如何像乔布斯一样演讲。苹果公司的这位首席执行官是世界上公认的最能打动人心的演讲家。这本书会带着你学习他推销自己想法的步骤。最棒的一点是，每个人都能学会这些技巧，让自己的下一次演讲变得更好。

    记者：好，那我们从哪里开始谈起呢？

卡迈恩：如果你遵循以下步骤，你就能像乔布斯一样演讲（在对话中至少要重复两次标题）：第一，创作一个故事；第二，学习现场技巧；第三，进一步加工包装。我们先来谈谈第一步，创作故事……

在这个例子中你能看出，提供一个包含三个要点的路线图就能勾勒出一个短访谈的提纲，也能概括一个更长的访谈或演讲。

听众的大脑正在拼命运转，它们要消化语言、画面，处理其他的感官体验，而且大脑内部还在自言自语。一定要让你的听众很轻松地跟上你的演讲节奏。

吉米·瓦尔凡诺的著名演讲

1993年3月4日，大学篮球教练吉米·瓦尔凡诺（Jimmy Valvano）做了一场当代体育史上最激动人心的演讲。瓦尔凡诺在1983年曾经带领北卡罗来纳州立大学夺得美国大学生篮球联赛（NCAA）冠军。10年后，瓦尔凡诺身患癌症，生命垂危，被授予阿瑟·阿什勇气奖及人道主义精神奖。瓦尔凡诺对于"事不过三"原则的应用成就了他的演讲中最感人的两个时刻。

对于我来说，每个人每天都要做三件事。我们生命中的每一天都应该这样做。第一件事就是笑，你应该每天都笑；第二件事就是思考，你应该花更多的时间来思考；第三件事是感动落泪，这种情绪可能是愉悦或幸福。你想一想，如果你笑了，想了，又哭过了，这一天就完整了……

癌症能夺去我所有的体能，但它不能触及我的思想，不能触及我的心灵，不能触及我的灵魂。欢笑、思考和感动这三样东西会永垂不朽。谢谢大家，愿上帝保佑你们所有人。

导演手记

- 你要创作一个列表，把你想让观众了解的关于你的产品、服务、公司和提议的所有要点都包含进去。

- 对这个列表上的项目进行分类，最后只保留三大信息点，它们能为你的推销或演讲提供一个路线图。

- 在每一个关键信息点下，加上一些修辞手段，以加强陈述的效果。这些修辞手段包括：个人经历、事实、例子、比较、比喻和第三方推荐。

■ 第6场 | 让"大坏蛋"出场

> 蓝色巨人会统治整个计算机行业吗？乔治·奥威尔（George Orwell）的预言会成为现实吗？
>
> ——史蒂夫·乔布斯

每一个经典故事都既有英雄，也有坏蛋，这种讲故事的套路也适用于世界级的演讲。史蒂夫·乔布斯会在演讲中引入一个反派、一个敌人或者一个亟待解决的问题，以此为一个说服力极强的故事奠定基础。在1984年，这个敌人是"蓝色巨人"IBM。

苹果公司曾经制作了美国历史上最有影响力的电视广告之一。通过这则广告，我们第一次领略了乔布斯传递信息的方法——营造"好人和坏蛋对决"的场景。这则叫作"1984"的电视广告向世界介绍了麦金塔电脑。不过，这则广告只播放过一次，就是在1984年1月22日美国超级碗比赛时。[①]在那场比赛中，洛杉矶突袭者队狂胜华盛顿红人队，但记住这则广告的人比记住比分的人多得多。

---

① 此处原文有误，《1984》这则广告实际播放过两次。另外一次是在1983年12月的某天凌晨1点前，爱达荷州特温福尔斯市的KMVT电视台结束全天节目之前播放的，这么做的目的是为了获得参加当年的广告评奖活动资格。——译者注

凭借执导《异形》(*Alien*)一举成名的雷德利·斯科特(Ridley Scott)是这则广告的导演。广告开头的场景是一群光头的苦工在聆听大屏幕上的领袖(老大哥)训话。这时,出现了一个健美的金发女性,身着20世纪80年代风格的健身短装,手握一个长柄大锤,突破头戴钢盔的冲锋队员的围追堵截,奋力向前冲。最后,她把大锤砸向那个巨大的屏幕。屏幕爆炸了,发出刺眼的白光。那些光头的苦工目睹这一切的发生,惊得张大了嘴,呆坐在那里。在广告的最后,一个低沉的男声宣布:"1月24日,苹果公司将推出麦金塔电脑。到时候你们就会知道,为什么'1984'不会像奥威尔的《1984》那样。"

苹果公司的董事会成员没有一个人喜欢这则广告,都不同意对外播出。不过乔布斯例外,他很喜欢,因为他理解"好人和坏蛋对决"这种经典的故事结构能激发观众的情绪。他意识到每一个主角都需要一个敌人,在《1984》这则颇具历史意义的电视广告里,"坏蛋"的代表就是IBM,因为在那个时候,IBM这家主要生产大型主机系统的企业已经决定,用自己的产品挑战世界上第一台面向大众市场的家用电脑——Apple II。乔布斯在1983年的一次演讲中向苹果公司的销售人员解释了这则广告的用意,他们此前都看过这则60秒的电视广告。

"现在,到了1984年。看起来IBM想拥有一切。人们认为只有苹果公司才有希望挑战IBM……IBM想要拥有一切,它已经把枪口对准了实现行业垄断的唯一障碍:苹果公司。蓝色巨人会统治整个计算机行业吗?会统治整个信息时代吗?乔治·奥威尔的预言会成为现实吗?"

说完这段话,乔布斯就退到一旁,为台下的全体销售员播放了广告。[①]看完后,他们雷鸣般地鼓掌、欢呼。在一分钟的广告结束后的又一个60秒里,乔布斯在台上尽情地享受观众的膜拜。他此时的站姿、肢体语言和面部表情表明了一切——我彻底把他们搞定了!

[①] 此处原文有误。作者引用的话出自苹果公司的股东大会,与会人员都是苹果公司的股东,而不是销售员。——译者注

问题+办法=经典的乔布斯

引入坏蛋的角色（问题）就能使观众聚集在英雄（解决办法）的周围。乔布斯最激动人心的演讲都是围绕着这种故事结构展开的。举例来说，在他最得意的2007年Macworld大会推出iPhone的那场演讲进行到第30分钟时，他花了3分钟的时间解释为什么iPhone是一个划时代的产品。这次，"坏蛋"包含了市面上正在销售的所有智能手机。当然，乔布斯认为这些手机根本不够"智能"。表6–1的左栏罗列的是乔布斯的演讲词，右栏是辅助乔布斯演讲的幻灯片上出现的文字或者对幻灯片上图片的描述。请注意幻灯片是如何辅助演讲的。

表 6–1　乔布斯的 iPhone 主题演讲

乔布斯的演讲词	乔布斯的幻灯片
"最先进的手机被人们称为'智能手机'。"	智能手机
"它们通常结合了手机和电子邮件以及有待发展的互联网功能。"	智能手机 手机+电子邮件+互联网
"问题是它们没有那么智能，也没有那么易于使用。它们真的非常复杂。我们要做的，是打造一款具有跨时代意义的产品，比任何出现过的移动设备都要智能得多。"	智能手机 不怎么智能，不怎么好用。
"我们要重塑手机。首先要创造一个革命性的用户界面。"	革命性的用户界面
"这是多年的研究不断发展的成果。"	革命性的用户界面 多年研发
"我们为什么需要一个革命性的用户界面呢？这里有4款智能手机：摩托罗拉Q、黑莓、奔迈、诺基亚E62——通常我们认为这些就是智能手机。"	市面上4款智能手机的图片：摩托罗拉Q、黑莓、奔迈和诺基亚E62

乔布斯的魔力演讲
The Presentation Secrets of Steve Jobs

(续表)

乔布斯的演讲词	乔布斯的幻灯片
"它们的用户界面有什么问题？它们的问题就出在下面的这40个小玩意儿身上，就是这些玩意儿（指向这些手机的键盘部分）。它们全有这些键盘，不管你是否用得上它们，它们都在那里。而且，它们的控制按钮都固定在塑料的实体按键中，因此对于每一个应用程序，控制按钮都一样。不过，每一个应用程序都想要一个稍微有点儿不同的用户界面，一套稍微经过优化的控制按钮，专为该程序设计。另外，如果你6个月后想到了一个特别好的主意，怎么办？你不能给这些东西加一个按键吧？它们已经销售出去了。所以，你怎么办呢？"	每一张图片的上半部分淡出，只留下下半部分——键盘
"我们要做的就是摒弃所有这些按键，只做一个大的屏幕"。	iPhone的图片
"我们如何与它互动呢？我们不想随身携带一个鼠标。我们该怎么办呢？手写笔，对吧？我们就用一支手写笔。"	iPhone的图片在一边，一支手写笔淡入
"不（观众笑）。谁想要手写笔啊！你得把它们抽出来，放回去，没准儿还会丢了。没人想要手写笔。"	图片旁边出现文字：谁想要一支手写笔呢
"所以，我们不用手写笔。我们会使用世界上最好的定点设备——一种我们与生俱来的定点设备。我们生下来就有10个手指。我们将使用自己的手指。"	手写笔淡出，iPhone上出现食指的图片
"我们发明了一种新技术，叫作'多点触控'，非凡无比。"	手指淡出，文字出现：多点触控
"这种技术像魔术一般好用。你不再需要手写笔，而且，它比以前出售的所有触摸屏都精确得多。它能忽略不经意的触摸，超级智能！你可以在屏幕上用多个手指操控。这么牛的技术，我们肯定已经获得专利了！"	文字在右上方依次出现： 像魔术一般好用 不需要手写笔 精确得多 忽略不经意的触碰 多个手指操控 拥有专利

请注意乔布斯是如何用设问和反问来推进故事的。在引出问题时，他问："我们为什么需要一种革命性的用户界面呢？"当他对大家讲出用触摸屏替代键盘这个想法时，他设问："我们如何与它互动呢？"他准备好的答案就是："我们会使用世界上最好的定点设备……我们的手指。"

没有人真正关心你的产品，也没有人关心苹果公司或是微软公司以及其他任何一家公司的产品。人们真正关心的是解决现有的问题，让自己的生活更加美好。以表 6-1 中智能手机的问题为例，乔布斯描述了消费者感受到的痛苦，告诉消费者为什么他们这么痛苦（通常是由苹果公司的竞争对手造成的），然后，他再给你一剂解药。我们在第 7 场中会学到更多这方面的知识。

答 CNBC 记者问

在 iPhone 发布会之后，乔布斯接受了 CNBC 的记者吉姆·戈德曼的采访，这是他在发布会后马上接受的有限的几个采访之一。戈德曼问道："究竟是什么原因使得苹果公司跳进竞争激烈、对手众多的手机市场的呢？"乔布斯在回答这个问题时，提出了一个亟待解决的难题："我们用过市面上所有的手机，但是使用体验太令人痛苦了！这是一个需要被重塑的领域。手机需要变得更加强大，而且要变得远比现在易用才行。我们认为苹果公司可以贡献一点儿力量。我们并不在乎还有多少家公司在制造手机。事实上，2006年全世界的手机销量达到了 10 亿部，即便我们仅仅获得了 1% 的份额，那也是 1 000 万部。现在，我们已经重塑了手机，并且完全改变了消费者对于这种能放在口袋里的产品的预期。"

戈德曼又问道："这向你的竞争对手传递了什么信息呢？"

乔布斯回答说："我们是一个专注于产品的公司，我们热爱伟大的产品。为了解释清楚我们的产品是什么，我们必须把它和现在市面上人们正在使用的产品做对比。"最后这句话解释了乔布斯在构建说服力极强的故事时使用的手段。对于新产品、新服务的解释需要语境，需要你把这种新产品、新服务和导致消费者生活"痛苦"的问题联系在一起。一旦你击中了他们的痛处，你的听众就会更容易接受那种能够缓解他们的"痛苦"的产品或服务。

"苹果教"

强有力的思想推动了某些宗教在全球范围内的广泛传播，营销大师马丁·林斯特龙（Martin Lindstrom）在他的书《买》（Buyology）里，把苹果公司传递的信息和这些宗教理念等同起来，两者都有共同愿景和某个特定的"坏蛋"。

林斯特龙写道："大多数宗教都有清晰的愿景。我的意思是，它们都有明确的使命，这种使命有可能是指追求某种境界或者精神上的目标。当然，大多数公司也有清晰的使命。史蒂夫·乔布斯的愿景早在20世纪80年代中期就已经形成了，他那时候说过：'人类是这个世界上所有改变的造物主，因此，他们应处于各种系统和结构之上，而不是受制于其下。'20多年过去了，在卖出了几万台iPod之后，苹果公司仍然在追随这个愿景。"

林斯特龙花了很多年时间研究了各个经久不衰的品牌的共有特点。他认为，宗教和诸如苹果这样的品牌之间还有另外一个共同特点：征服公敌的理念。"有一个明确的敌人的好处，不仅仅是能让我们清晰地阐述和表明我们的信仰，还能把我们自己和广大追随者团结起来……这种'我们与他们对决'的战略能够吸引顾客，制造话题，打造忠诚度，还能引发我们的思考、争辩，当然还有购买行为。"

它会吃掉我吗？

早一点儿确立反面角色对于增强说服力来说至关重要，因为我们的大脑在接受一种新想法时，需要一个"桶"来盛装这种想法，需要对其进行归类。你可以这么理解：你的大脑在接受细节之前，需要先理解意义。根据科学家约翰·梅迪纳（John Medina）的研究，我们的大脑生来就是用来理解事物的全貌的。梅迪纳说，当原始人看见一只剑齿虎时，他会问自己这个问题——"它会吃掉我吗"，而不是"它有几颗牙齿"。

反面角色就能带给观众这种"宏观的全貌"。在梅迪纳的《让大脑自由》(Brain Rules)一书中,他写道:"不要从细节开始,而应该从关键的想法入手,然后一层一层地围绕着这些关键信息填充细节。"在演讲中,要从宏观的全貌入手,也就是从问题入手,然后再加入细节(你的解决办法)。

苹果公司在2003年Macworld大会上推出了Safari网络浏览器,并将其定位为世界上最快速的浏览器。Safari将会和其他几款浏览器一道,与微软主宰业界的产品,即IE浏览器,进行竞争。乔布斯在发布这款浏览器时,进入了他最巅峰、最具说服力的演讲状态。他先提出了问题,也就是引入反面角色。为做到这一点,他只是用了一个设问句:"我们为什么需要一款自己的浏览器呢?"在展示浏览器的新功能和新特性之前,也就是填充细节之前,他需要为这款产品的存在找到充分的理由。

乔布斯告诉观众,IE、网景以及其他浏览器存在两个方面的不足:速度和创新。就速度而言,乔布斯说Safari在Mac上加载网页的速度比IE快3倍;在创新这个方面,乔布斯讨论了现有浏览器的局限,比如,它们没有在主工具栏提供Google搜索框,书签的设置也让人们甚为不满。乔布斯说:"我们在研究中发现,人们根本不使用书签功能。他们也很少使用'我的收藏'功能,因为这种功能非常复杂,没有人能搞清楚到底该如何使用。"Safari能够解决这些问题,它在主工具栏集成了Google搜索功能,还有一些特性,使得使用者能够更容易地退回到上一个浏览的网页或者转到自己最常用的页面。

要想引入反面角色,只需要一个简单的设问句:"为什么你们需要这个?"正是这样一个问题,让乔布斯能够概览工业的现状(不管是浏览器、操作系统、数字音乐,还是任何其他方面),并且为他演讲的下一步——提供解决问题的办法——做好准备。

乔布斯的魔力演讲
The Presentation Secrets of Steve Jobs

每分钟 3 000 美元的演讲

在每年 9 月的某一周，都会有几十位创业者分别在两个不同的场合——旧金山的 TechCruch 50 创业大会和圣迭戈的 DEMO 大会，向具有影响力的媒体、专家和投资者推销他们的创业企业。对于创业者来说，这些高风险的演讲将直接决定他们企业的成功或者失败。TechCrunch 大会的组织者认为，表达一个想法的最佳时长是 8 分钟，如果你不能在 8 分钟内把你的想法表达清楚，就意味着你需要再好好想想。DEMO 大会给每个演讲者的时间更短，只有 6 分钟，并且，DEMO 大会还向每一位演讲者收取 18 500 美元，也就是每分钟 3 000 美元。如果你需要花这样的代价去推销一个想法，你会怎么做呢？

参加这些演讲的风险投资家们有一个共识：大多数创业者之所以讲不出一个动人的故事，是因为他们没有解释"问题"之所在，就直接把话题跳到他们自己的产品上去了。有一个投资者对我说："你需要在我的头脑中腾出一块空间来装下你即将传递的信息。当创业者不提出问题、直接给出解决方案时，我马上就没了兴趣。他们有一壶咖啡——他们的想法，但是他们在倒咖啡时，没有装咖啡的杯子。"你的听众的大脑里只有那么点儿空间可以接收新的信息，而大多数演讲者都试图把 2MB（兆字节）的数据向只能容纳 128KB（千字节）的数据管道里硬塞。这实在太多了！

在 2008 年的 DEMO 大会上，有一家叫作 TravelMuse 的旅游策划公司做了一次最出众的演讲。这家公司的创始人凯文·弗莱斯（Kevin Fleiss）是这样开头的："互联网零售业中最大、最成熟的细分板块是旅行市场，仅在美国其规模就超过了 900 亿美元（确定类别）。我们都知道如何在互联网上预订旅行产品，但是预订是整个过程的最后5%（开始介绍问题），而预订之前的95%的过程——决定去哪里，计划路线，是最耗费精力的。在TravelMuse公司，我们把旅行计划变得很容易，通过把旅行计划工具整合到网站内容中，为用户提供一种完整的体验（提供解决问题的办法）。"在提供解决方案之前，弗莱斯通过介绍产品类别，引入待解决的问题，制造了用来"盛咖啡的杯子"。

投资者出钱购买的是想法。因此，他们想知道公司产品解决的是哪一个普遍存在的问题。缺乏所针对问题的解决方案是缺乏吸引力的，只有问题和解决办法都明确了，投资者才能放心地讨论关于市场规模、竞争和商业模式等问题。

电梯式推销法

明确问题并不需要很长时间，乔布斯通常只在引入反面角色上花几分钟时间。你甚至用短短30秒就能做到，只需要用一句话分别回答以下四个问题：（1）你们是做什么的？（2）你们解决了什么问题？（3）你们如何与众不同？（4）这和我有什么关系？

当我在加利福尼亚州蒙特利市和LanguageLine公司的主管一起工作时，基于对以上问题的回答，我们创作了一个"电梯式推销"方案。如果我们成功地完成了这一任务，以下这段文字应该能让你非常充分地了解这家公司：

LanguageLine是为那些需要与其非英语顾客沟通的公司提供同声传译服务的全球最大供应商（它是做什么的）。每隔23秒，就有一个不会说英语的人进入美国（问题）。当他或她给医院、银行、保险公司打电话或是拨打911时，电话那头很可能就有一个来自LanguageLine的传译员（如何与众不同）。我们能用150种语言帮助你和顾客、病人或潜在客户沟通（这和我有什么关系）。

坏蛋：讲故事的必备道具

　　史蒂夫·乔布斯和后来成为全球变暖问题专家的美国前副总统阿尔·戈尔有三个共同之处：（1）都致力于环境保护；（2）都热爱苹果公司（戈尔是苹果公司董事）；（3）都拥有让人为之着迷的演讲风格。

　　阿尔·戈尔的获奖纪录片《难以忽视的真相》就是用苹果式的讲故事技巧设计出来的。通过确立一个人人都认同其存在的问题（批评家可能会对解决方案有分歧，但是对于问题的存在是普遍接受的），戈尔给了观众一个继续看下去的理由。

　　戈尔在演讲的开头，也就是故事的开头，就为后来的论证打下了基础。他向观众展示了在历次空间探索工程中拍下的一系列地球照片，这样，他不但让观众体会到了地球之美，也引出了问题。他先是展示了一张著名的照片，叫作"地出"（Earthrise），即从月球表面看到的地球出现时的景象。然后，戈尔展示了一系列后来拍摄的、显示全球变暖迹象的图片，比如正在融化的冰盖、日益后退的海岸线以及飓风等。他说："这些冰有个故事要讲给我们听。"戈尔随后更加清晰地描绘了"坏蛋"的存在：煤炭、汽油和其他矿物燃料的燃烧，已经急剧地增加了地球大气层的二氧化碳浓度，直接导致了全球气温的升高。

　　在整个纪录片最令人难忘的场景中，戈尔通过两条彩线（红和蓝）代表60万年以来二氧化碳的浓度和平均气温。戈尔说："二氧化碳越多，气温越高。"然后，他展示了一张幻灯片，表明二氧化碳的浓度达到了历史上的最高点。这时，他走到一个机械升降机上说："我真的很想强调下面这一点，让我们一起承受它带来的冲击吧。"他摁动了一个按钮，升降机把他升高了至少5英尺，他这时才和幻灯片上表示当今二氧化碳浓度的线齐平。观众席中有人笑了，不过，这一举动既好玩又发人深省。他随后接着说："50年之内，二氧化碳的浓度会继续上升。当在座的一些人到了我现在这个年龄时，二氧化碳的浓度会到达这个位置。"就在说话的同时，他又一次摁动了按钮，升降机往上升的时间有10秒之久。一边上升，他一边对观众说："你们听说过'破表'吗？这就是我们在 50 年之内将会达到的水平。"这段强有力的演讲既有趣，又令人印象深刻。戈尔运用了各种事实、数字和统计数据，并把它们活灵活现地展现了出来。

戈尔使用了很多我们在乔布斯的演讲中常见的演讲和修辞技巧。其中，有一个技巧就是引入"坏蛋"，或者叫作反面角色。两人都会早早地引入"坏蛋"的角色，把观众团结在一个共同的使命周围。在乔布斯的演讲中，"坏蛋"一旦确定了，就到时候拉开帷幕，推出拯救世界的角色了……那就是战无不胜的英雄。

导演手记

- 在演讲中早一些介绍反面角色。在介绍你的解决办法之前，一定要先明确问题。你可以通过生动地描述顾客的痛苦来做到这一点。通过这样提问来明确问题所在："我们为什么需要这个？"

- 花一些时间仔细描述这个问题，让观众体会到问题所造成的痛苦。

- 用本场中介绍的四步法来为你的产品创作一条电梯式推销文案。要格外注意第二个问题："你解决了什么问题？"记住，没有人关心你的产品，人们只关心自己的问题如何才能得到解决。

■ 第 7 场 | 让常胜的英雄出场

> 微软的唯一问题就在于他们毫无品位。我不是说他们在某些小的方面缺乏品位,我的意思是他们完全没有品位可言。
>
> ——史蒂夫·乔布斯

史蒂夫·乔布斯在引入"坏蛋"方面可谓大师,而且对手越坏越好。一旦乔布斯引入了现在的"坏蛋"(现有产品的局限),接着他就会安排英雄出场,告诉你能够让你的生活更加容易、更加幸福的解决方案。换句话说,苹果产品总是会及时赶到,拯救世界。就像我们在前文讨论过的,在 1984 年的那则电视广告中,IBM 扮演了坏蛋的角色。乔布斯是在 1983 年的一场活动中,把这则广告第一次播放给一群内部销售人员看的。

在播放广告之前,乔布斯在几分钟之内把"蓝色巨人"刻画成一个集中全力统治全世界的角色。(IBM 在那个时候被称为"Big Blue",这对于乔布斯的创意来说很有帮助,因为乔布斯注意到了"Big Blue"和"Big Brother"的相似发音。)乔布斯把蓝色巨人说得比汉尼拔·莱克特(Hannibal Lecter)还吓人:

1958 年,IBM 错过了收购一家新企业的机会。这家公司发明了一种新的技术，叫作经典印刷术（也就是复印）。两年后，施乐公司（Xerox）诞生，从此以后IBM每天都追悔莫及。10年后，到了20世纪60年代末期，美国数字设备公司（DEC）以及其他公司一起发明了小型机。IBM认为小型机太小，不足以进行像样的运算，对于IBM的事业来说无足轻重。当IBM最终进入小型机市场时，美国数字设备公司已经发展成为一家市值几亿美元的公司。又过了10年，到了70年代末。1977年，一家年轻的、蓬勃发展的西海岸公司——苹果公司，发明了Apple II，也就是我们现在所熟悉的第一台个人电脑（介绍英雄）。IBM认为个人电脑算不上什么发明，不足以进行像样的运算，对于IBM的事业来说无足轻重（对手忽视英雄的品质）。80年代早期，在1981年，Apple II已经成为世界上最流行的电脑，苹果公司也已经成长为市值3亿美元的企业和美国历史上发展最快的公司。IBM凭借IBM PC机在1981年11月进入个人电脑市场，和50多家争夺市场份额的对手展开竞争。1983年，苹果公司和IBM成为计算机行业竞争力最强的两个对手，分别在当年的个人电脑市场创造了10亿美元的销售额（大卫遇上了歌利亚）。行业洗牌如火如荼地进行着。第一家大型公司破产了，其他的则在悬崖边摇摇欲坠。现在，到了1984年，看起来IBM想要占有一切了（英雄即将出来行动了）。苹果公司被视为能够强有力地挑战IBM的唯一一家公司。最初张开双臂欢迎IBM的经销商现在开始对于由IBM主导、控制的未来感到恐惧不已，他们越来越迫切地转向苹果公司，因为只有苹果公司这股力量，才能保证他们未来的自由。

随着乔布斯绘声绘色地描述决战场景，观众席中不断爆发出热烈的掌声和欢呼声。乔布斯成功地扮演了詹姆斯·邦德的角色。当坏蛋即将毁灭世界的时候，邦德或乔布斯出场，冷静地拯救了世界。邦德系列小说的作者伊恩·弗莱明（Ian Fleming）会因此感到骄傲的。

英雄的使命

在乔布斯的演讲中，英雄的使命并不一定是手刃坏蛋，而是让我们的生活更加美好。在 2001 年 10 月 23 日苹果公司推出 iPod 的演讲中，就说明了这个虽然细微却非常重要的区别。

了解一下那时数字音乐行业的情况十分必要。当时，人们还随身携带便携式 CD 播放器，跟今天小巧玲珑的 iPod 比起来个头大得简直像怪兽一样。仅有的几款数字音乐播放器又大又蠢，或者根本没什么用处，因为内存很小，只能存几十首歌。有一些产品，比如 Nomad Jukebox，硬盘为 2.5 英寸，虽然是便携式的，却很重，而且从电脑上传输歌曲也慢得让人头疼。电池的续航时间也非常短，以至于这些设备基本没什么用处。认识到亟待解决的问题后，乔布斯作为常胜的英雄出场了。

乔布斯问道："为什么要做音乐呢？"

"我们热爱音乐，做你热爱的事情永远都是好主意。更重要的是，音乐是每个人生活的一部分。音乐一直都在我们身边，并且会永远在我们身边。这并不是一个可以投机的市场，因为音乐构成了每个人生活的一部分，所以这是一个全球化的超大市场。更有趣的是，在这场全新的数字音乐革命中，没有一个市场领袖站出来，没有一个人找到数字音乐的发展方向，而我们找到了。"

乔布斯宣称苹果公司找到了方向，这吊起了观众的胃口，为他接下来的演讲做好了准备。他下一步将会引入对手，通过带领观众浏览现有的便携式音乐播放器的功能来做到这一点。乔布斯解释说，如果你希望用随身设备听音乐，你可以购买一台 CD 播放器（可以容纳 10~15 首歌），或者买一台闪存播放器、MP3 播放器，或者一台硬盘式播放器，比如 Jukebox。他接着说："我们来分别看一看。"

一台 CD 播放器要 75 美元左右，能容纳 10~15 首歌，也就是 5 美元一首歌。你也可以花 150 美元买一台闪存播放器，它也能容纳 10~15 首歌，也就是 10 美元一首歌。你还可以买一台兼容 MP3 格式的 CD 播

79

放器，价格大概是 150 美元，可以容纳 150 首歌，相当于每首歌 1 美元。或者你可以花 300 美元买一台带有硬盘驱动的 Jukebox 播放器，它能装下 1 000 首歌，相当于每首歌花 30 美分。我们研究了所有这些设备，这就是我们想要开拓的领域（指向幻灯片上"硬盘"的类别）。我们今天要推出一款产品，这款产品叫作 iPod。

就这样，乔布斯引入了英雄——iPod。他说 iPod 是一款 MP3 音乐播放器，能够播放 CD 品质的音乐，"而 iPod 最大的亮点是它能装下 1 000 首歌。这是一种量子级跃迁，因为对于大多数人来说，1 000 首歌就是他们的整个曲库，这非常大。有多少次你出了门才想起来没带你想听的那张 CD？iPod 最酷的地方在于它能把你的整个曲库都装进口袋，这在以前是绝不可能的"。通过强调能把一个人的整个曲库都装进口袋这个事实，乔布斯强化了英雄（iPod）的最突出的创新特性，同时提醒观众，直到苹果公司拯救世界才使这成为可能。

在推出 iPod 后，奈特·里德报业集团的专栏作家迈克·隆贝里（Mike Langberg）写了一篇文章，他指出 Creative 公司（Nomad Jukebox 的生产商）早在苹果公司之前就看到了便携式音乐播放器的市场潜力，并在 2000 年 9 月推出了一款 6GB 容量的硬盘播放器；而苹果公司在一年后才推出第一款 iPod。"但是，"他指出，"Creative 公司缺乏苹果公司的秘密武器：创始人、主席兼主'传教士'史蒂夫·乔布斯。"

Mac 男和 PC 哥

"我是苹果机 Mac／我是微软 PC"系列广告在 2006 年首次发布，很快就成为近年来商业历史上最著名、辨识度最高的电视广告。喜剧演员约翰·霍奇曼（John Hodgman）扮演"PC 哥"，贾斯汀·朗（Justin Long）扮演"Mac 男"，两个人站在纯白色背景前，该系列广告通常都会围绕着一个小故事展开。在故事里，PC 哥往往索然无味、行动迟缓、沮丧不堪，而 Mac 男的性格则是热情友好、温顺随和。这些广告用 30 秒的小品形式演绎了反派（微软PC）和英雄（苹果机Mac）之间的故事。

在一个早期的广告（天使/恶魔）中，Mac男给PC哥看一本iPhoto影集。一个"天使"和一个"恶魔"（分别是身穿白色套装和红色套装的PC哥）出现。天使鼓励PC哥，让他赞美Mac男；而恶魔则怂恿PC哥把影集撕成两半。在这里，隐喻非常明显，"我是Mac男/我是PC哥"的系列广告也可以叫作"我是好人/我是坏蛋"。

一旦确立了英雄的角色，就必须把英雄的好处说清楚，马上回答对于人们来说最重要的那个问题——这和我有什么关系。在一则标题为"跳出盒子"的广告中，两个角色都从纸箱里冒出头来。对话是这样的：

苹果机Mac：准备好开始了吗？

微软PC：还没有完全准备好，我有好多事情要做呢，你有什么伟大计划？

苹果机Mac：也许先做一部家庭电影，弄一个网站，试一试内置摄像头吧。我开箱就能做这些事情。你呢？

微软PC：首先，我必须下载一堆新的驱动程序，然后把硬盘上自带的试用版软件都删除，接下来还得阅读一大堆操作手册。

苹果机Mac：听起来你在开始做任何事情之前还得先解决一堆麻烦事啊。我要开始了，因为我有点儿兴奋了。你准备好了再告诉我吧！（跳出盒子）

微软PC：事实上，我的其余部分还在另外一些盒子里。我们回头再见吧！

有一些观察家批评苹果公司的系列广告，说这些广告充满了沾沾自喜的优越感。但不管你喜不喜欢这些广告，毫无疑问的是，它们非常有效，至少，它们让人们一直在谈论苹果公司。事实上，这些广告如此成功，以至于微软开始反击，推出了自己的广告，在这则广告里，各行各业的名人和平头百姓都骄傲地宣布"我是PC哥"。不过，苹果公司先发制人，早已把PC刻画成了书呆子，而苹果公司则是那个酷小孩。微软的广告看起来好玩，但却缺少苹果公司广告的情感冲击力，原因之一就是没有反面人物。

30 秒搞定一切

苹果公司的应用程序商店做得非常成功，为 iPhone 提供了一万多个应用程序。①苹果公司会在电视或平面广告中宣传一些为 iPhone 或 iPod Touch 设计的程序。这些电视广告的效果很好，在短短 30 秒的时间内就向消费者抛出了问题并且提供了一个解决问题的办法。

比如说，有一则广告是专门为一个叫作 Shazam 的程序制作的。广告的画外音说："有些时候，你就是不知道正在播放的是什么歌曲，这一定把你逼疯了吧（介绍问题所在）？有了 Shazam 这款程序，你只要让 iPhone '听'几秒钟，它就能告诉你这首歌是谁唱的以及去哪里下载。"这一系列广告最后的广告词都是一样的："这就是 iPhone，用一个个程序解决生活中的一个个难题。"

只用了 30 秒的时间，这些广告既成功地描述了一个难题，而且每次都能用一款程序解决这个问题。这些广告向我们证明了，引入问题并提供解决办法这个过程并不需要花费太多时间。事实上，不要在抖包袱之前铺垫太多。

乔布斯卖的不是电脑，而是体验

在确认了坏蛋身份、介绍了英雄人物之后，苹果式故事的下一步就是告诉你英雄是如何把受害者，也就是消费者，从坏蛋的魔爪中解救出来的。解决办法必须简单易懂，不能用术语表达。比如，浏览一下苹果公司的网站，你就能找到"为什么你会喜爱一台麦金塔电脑"的主要理由。这些理由包含了使用麦金塔电脑的具体好处，并且在很大程度上避免了使用复杂的技术语言。一个切题的例子是对 MacBook Pro 的描述，苹果公司并没有说这款笔记本"使用英特尔酷睿 II 双核 2.4 千兆赫处理器，有 2GB 容量、1 066 兆赫、

---

① 截至 2011 年 1 月 22 日，数据显示，苹果公司的应用程序商店拥有超过 35 万个 IOS 应用程序。——译者注

DDR3 SDRAM内存，5 400转、250GB的串口硬盘"，而是直接给消费者列出了好处："外形精美；PC机能做的所有事，它都会做得更好；拥有世界上最先进的操作系统，日后还能支持运行世界上最先进的几个操作系统；购买和拥有麦金塔电脑将带给你愉快的体验。"你看，你的目标客户并不是在买一个2.4千兆赫的多核处理器，他们实际上是在购买这种处理器提供的体验。

和对手不一样的是，乔布斯在演讲中总是尽量避免使用那些让听众头大的数据、统计资料和术语。在2006年的Macworld大会上，乔布斯把他常用的著名短语"还有一件事"放到了演讲的最后。"还有一件事"原来是指采用英特尔酷睿Ⅱ微处理器的新款MacBook Pro，这也是苹果公司第一款采用英特尔处理器的笔记本电脑。乔布斯先花了几分钟清晰地概括了问题，然后就开始用平实、简单的语言介绍这款产品实实在在的好处。

乔布斯说："PowerBook笔记本电脑一直有一个恼人的小问题，这不是什么秘密，我们一直想要把G5处理器（IBM的微处理器）塞进PowerBook里，但是因为耗电的问题，我们一直没办法做到。要想在这么小的一个机身中做到这一点不太现实。在工程方面，我们已经用尽了各种办法，咨询了所有可能的权威人士（幻灯片上出现教皇的照片，全场哄堂大笑）。"

乔布斯接着解释说，用英特尔酷睿Ⅱ双核处理器替代现有的处理器，在机身更小的情况下能有更好的表现。

今天，我们推出一款新的笔记本电脑，我们叫它MacBook Pro。它使用英特尔酷睿Ⅱ双核处理器，和新款iMac一样，这意味着在每一款MacBook Pro里都会有两个处理核心。这能带来什么好处呢？新款MacBook Pro比PowerBook G4的运行速度快4~5倍，真是快得惊人……新款MacBook Pro是迄今为止速度最快的麦金塔笔记本电脑，也是最轻薄的。它有一些超酷的新特性，有15.4英寸宽屏显示器，和我们的Cinema系列显示器的亮度一样，这种显示屏漂亮极了。它还内置了iSight摄像头，你可以随时随地召开视频会议，开机就可以使用这一功能。多好啊！随处召开视频会议，天堂也不过如此！

不管你同不同意拥有移动摄像头就像置身"天堂"的说法，乔布斯都能理解他的观众和顾客的需求，清楚对于他们来说亟待解决的严重问题是什么。

这种能力，引入反面角色、继而推出英雄般的解决办法的能力，是乔布斯在每一场演讲和每一次访谈中都有所展现的。当乔布斯同意接受史密森尼学会口述历史及视频历史系列活动的采访时，他说成功的创业者和失败的创业者之间的区别就在于是否坚定。他说，坚定来自于激情。"除非你对此非常有激情，要不然你根本无法生存，你会放弃。所以，你必须有一个想法，或者一个你想解决的问题，而且你要对其抱有极大的激情。否则，你就不能坚定地坚持下去。我想这种坚定就是成功的一半。"

乔布斯是商界的印第安纳·琼斯（Indiana Jones）。伟大的电影角色消灭敌人，乔布斯也和他们一样，找到全民的公敌，征服那个敌人，然后在观众倾心的仰视下，默默地走向夕阳，留给我们一个更加美好的世界。

导演手记

- 描述一下目前行业或产品类别的现状，然后再说一下你对未来的展望。

- 确立了反面角色之后，即点明你的顾客的痛苦之后，用平实易懂的语言描述一下你的公司、产品或服务将会如何缓解这种痛苦。

- 记住，除非你对你想解决的问题充满激情，否则你不会有坚定的毅力坚持到最后。

第一次幕间休息　遵守 10 分钟规则

你的观众 10 分钟后就会走神——用不了 11 分钟，至多 10 分钟他们就会走神。通过一项对于认知功能的研究，我们得知了这个重要的事实。简单来说，大脑很容易疲倦。根据分子生物学家约翰·梅迪纳的研究，"看起来大脑是根据一些固定的计时模式来做出选择的，这种模式无疑受到文化和基因的双重影响"。梅迪纳说，他的同行进行了一些可靠的研究，确认了 10 分钟规则，他通过观察也得出了相同的结论。梅迪纳在自己教授的每一堂课上，都会问学生们相同的问题："如果上一节课，不太无聊，也不太好玩，你会在多久之后看表，暗想这节课什么时候会结束呢？"答案永远是完全一致的——10 分钟。

乔布斯不会长时间阐述一个话题，从而让观众的大脑疲倦。在 30 分钟的时间段里，他的演讲会包含现场演示、第二个甚至第三个演讲嘉宾，以及视频片段。乔布斯非常清楚，即使他的演讲天赋也无法战胜不断寻找新刺激的容易疲倦的人脑。

在 2007 年 Macworld 大会的主题演讲正好进行到第 10 分钟时——一秒都不多，乔布斯展示了一个苹果公司为 iTunes 和 iPod 新拍摄的电视广告（一群人的黑色剪影在明亮的背景色前跳舞，剪影人物都拿着 iPod，纯白色的耳机非常突出、非常显眼）。广告播放完毕后，乔布斯说："是不是特别好？"乔布斯实际上是在演讲的第一幕（音乐部分）和第二幕（推出

Apple TV，用来在宽屏电视上播放iTunes内容的产品）之间给观众提供了一段幕间休息时间。

遵守10分钟规则，让听众的大脑休息一下。好了……继续本书的第二幕：制造现场体验。

The Presentation Secrets of Steve Jobs

第二幕

➡ 制造现场体验

乔布斯带给观众的不是一场演讲，而是一种体验。想象一下游览纽约城，或去百老汇看一场获奖话剧的情景：你会预期看到多个角色、复杂精美的道具、炫目的舞台背景，以及一个令人激动不已的辉煌瞬间，让你感到门票物超所值。在第二幕中你会发现，乔布斯的一场演讲包含了所有这些元素，它们帮助乔布斯与观众建立起了一种强有力的情感纽带。

就像第一幕一样，第二幕的每一场里都会总结那些你能够马上应用的实实在在的演讲技巧。以下是对于本幕包含的各场内容的简要描述：

- 第8场："简化一切"。简约是所有苹果公司产品的关键特质。乔布斯在制作幻灯片时，也遵循了同样的原则：每一张幻灯片都很简单、有视觉冲击力，能牢牢抓住观众的注意力。
- 第9场："精心'装扮'你的数字"。没有语境的数据是毫无意义的。乔布斯把统计数据变得活灵活现，并且，最重要的是，他谈论这些数字的语境总是和观众密切相关。
- 第10场："使用'超酷'的词汇"。听了一场"非同凡'想'"的乔布斯演讲的外行人，会觉得他的演讲"超酷""魅力十足""棒极了"。这些只是乔布斯经常使用的超酷词汇中的一部分。在本场中，你会找到乔布斯使用这些词汇的理由，也会了解到这些词汇为什么可以奏效。
- 第11场："分享舞台"。苹果公司的成功和它的共同创始人之一乔布斯有着紧密的联系。从这种意义上讲，苹果公司是一家罕见的企业。尽管苹果公司不乏杰出的领导人，但很多观察者仍然认为苹果公司是一个人在演的一出独角戏。也许如此。但是乔布斯却把他的演讲变成多人合作的交响乐。

- 第12场："用道具辅助演讲"。在乔布斯的每一场演讲中，现场展示都起着非常重要的辅助作用。请读者在本场中学习如何潇洒地进行现场展示。

- 第13场："创造让观众'欢呼'的时刻"。乔布斯从早期的演讲开始就表现出了制造戏剧效果的天赋。正当你觉得该看的都看到了、该听的都听到了的时候，乔布斯总会给你一个惊喜。这个让人欢呼的时刻是策划好的，是写在脚本里的，为的就是充分提升演讲的效果。

第 8 场 | 简化一切

> 复杂的终极境界是简约。
>
> ——达·芬奇（Leonardo DaVinci）

简约是苹果公司最重要的设计理念，从电脑、音乐播放器、手机直至零售店体验，都秉持这一理念。2003 年，当《纽约时报》的一位专栏作家撰写一篇关于 iPod 的文章时，乔布斯对他说："苹果公司的核心竞争力是懂得如何把非常复杂的技术变得对于普通人来讲简洁易懂。随着技术日趋复杂，对这种能力的需求也与日俱增。"

在写这篇文章时，记者也采访了苹果公司的设计大师乔尼·艾夫（Jony Ive），他提到乔布斯想让第一代 iPod 远离烦琐和复杂的设计，团队在设计过程中也懂得了舍弃什么和保留什么一样重要。他说："有趣的是，从简约中，从无所顾忌的简约感和表达简约设计理念的过程中脱胎而出的是一个完全与众不同的产品。但不同并不是目的，事实上，制造一个不同的东西非常容易。真正令人兴奋的是，我们开始意识到它的独特性是努力让它保持简约的结果。"在艾夫看来，复杂就意味着 iPod 这款产品的终结。

乔布斯通过减少一些烦琐的特性来保持产品的易用性，这种简化的过程也正是他设计演讲幻灯片的过程。南希·杜瓦特曾写道："和大多数演讲者尽可能地往一张幻灯片上不断堆东西的行为正好相反，乔布斯总是删掉、删掉、再删掉。"

乔布斯的演讲简洁得令人惊讶，具有强烈的视觉冲击力，并且绝不包含项目符号。是的，真的完全没有，从来没有。当然，这就引发了一个疑问：一个没有项目符号的PPT演示还是PPT演示吗？答案是肯定的，并且会让演示有趣得多。对人类的认知能力——大脑的运作方式——的最新研究证明，项目符号是传达重要信息时效果最差的手段。神经科学家发现，常见的幻灯片演讲通常是吸引观众注意力的最差方式。

格雷戈里·伯恩斯博士在《叛逆者》(*Iconoclast*) 一书中写道："大脑基本上就是一块懒肉。"换句话讲，大脑并不喜欢浪费能量，它已经进化得不能更高效了。演示软件，比如说PPT，使演讲一不小心就超过了大脑的额定负荷，迫使它超负荷地工作。PPT的标准幻灯片模版要么是一个标题框加一个副标题框，要么是标题框加上项目符号框。如果你和大多数演讲者一样，你就会在这张幻灯片上写一个标题，然后加上一个要点，再加上一个次要点，经常还会加上一个三级要点，结果就和图8-1看起来差不多。

这样的幻灯片往往让我惊恐不安，相信你也会为此感到焦虑不安。加尔·雷纳德把这种东西叫作"幻灯片文档"，也就是文档和幻灯片的杂糅。

标题

- 要点
  - 次要点
    - 三级要点
- 要点
  - 次要点
    - 三级要点
- 要点
  - 次要点
    - 三级要点
    - ——让人心烦意乱的内容

图 8-1　典型而枯燥的 PPT 模板

雷纳德说："人们认为这么做很高效，是在使事情简单化，是一石二鸟的好办法，但不幸的是，他们这么做影响了表达效果。"雷纳德认为PPT在使用得当时，可以是演讲的有效补充，能够强化演讲的效果。他并不赞成摒弃PPT，但是他赞成摒弃无处不在的项目符号列表式模板，这种模板在PPT和Keynote两种软件中都有。"我们早就发现，把说的话以文字形式原封不动地放在幻灯片中通常起不了什么作用，事实上，这反而会破坏信息传递的效果。"

> 我们从小就被训练记笔记，而不是集中注意力思考并消化学到的知识。这真是遗憾。你的行为应该吸引观众的注意。（提示：项目符号不会吸引人的注意，只会诱导人们做笔记。当你在屏幕上打出项目符号时，你就是在告诉大家"把这个记下来，而不需要真正理解它们"。）人们去看戏时，就不会记笔记，但它却能引起人们的共鸣。
>
> ——赛斯·高汀（Seth Godin）

制作乔布斯式的幻灯片能够让你鹤立鸡群，因为像他那样制作幻灯片的人实在是太少了。你的观众会因为你与众不同的做法而感到惊讶和喜悦。在我们讨论乔布斯如何制作这样的幻灯片之前，我们先讨论一下他为什么这样做。乔布斯是禅宗信徒，据杰弗里·杨（Jeffrey Young）和威廉·西蒙（William Simon）两位传记作家说，乔布斯在1976年开始修习禅宗佛教。1991年他和劳伦妮·鲍威尔（Laurene Powell）结婚时，主婚人就是一位禅宗佛教徒。

禅宗佛教的核心原则是一个叫作"简素"（kanso）的概念，意思就是简单。加尔·雷纳德说："日本的禅宗教导我们，用简洁的方式可以表现出美感，有力地传递信息。"简洁、摒弃烦琐是乔布斯在产品和幻灯片中都包含的一种设计元素。事实上，他生活的方方面面都和禅有关。

1982 年，摄影师戴安娜·沃克（Diana Walker）拍摄了一张乔布斯在自家起居室的肖像。房间很大，有一处壁炉和落地窗，几乎没有什么家具。木地板上有一小块垫子，乔布斯坐在上面，旁边是一盏落地灯。在他后面放着一台唱片机和一些唱片，有一些唱片散落在地板上。乔布斯肯定买得起家具，照片拍摄的当年，他已身家过亿。乔布斯把同样的极简美学带到了苹果的产品设计上。在《撬开苹果》一书中，利安德·卡尼写道："苹果公司设计流程中最重要的环节之一就是简化。"

卡尼写道："乔布斯对技术本身从来不感兴趣，他从不在产品中加入那些不必要的、华而不实的特性，不会因为这样做很容易就把一大堆乱七八糟的东西加到产品里。恰恰相反，他总是把产品的复杂性一层层剥去，直到它们变得尽可能简单、易用。"

苹果公司在 20 世纪 70 年代初刚成立的时候，需要借助广告在普通消费者中间激发出他们对苹果电脑的需求。坦白讲，这些普通的消费者看不到自己对于这些新设备存在需求。卡尼说："这些广告用简单易懂的语言写就，没有一点儿术语，但是其他电脑广告中却充斥着这种术语。苹果公司的广告毕竟是在试图吸引一个完全不同的市场群体——电脑爱好者（而非专业人士）。"乔布斯自那时起，一直让苹果公司向外传递的信息保持简单的特性。

颇具影响力的德国画家汉斯·霍夫曼（Hans Hofmann）曾说过："简化就意味着把不必要的东西去掉，从而突出必要的东西。"通过在产品和演讲中去掉烦琐、多余的信息，乔布斯达成了终极目标：易操作，清晰明了。

简约的艺术

为了更全面地理解乔布斯式幻灯片的简洁设计，我从 2008 年 Macworld 大会的主题演讲中节选了一些内容制作了一张表格。表 8–1 左边一栏是乔布斯的演讲词，右边一栏则是幻灯片上同步演示的文字。

乔布斯的这4页幻灯片中包含的文字总数比大多数其他演讲者在一页幻灯片里塞入的东西要少得多。华盛顿大学的约翰·梅迪纳等认知学研究专家发现，每页幻灯片平均包含40个单词，而乔布斯的这4页幻灯片总共才包含7个单词、3个数字、1个日期，而且没有任何项目符号。

表8-1　2008年乔布斯在Macworld大会上的主题演讲节选

乔布斯的演讲词	乔布斯的幻灯片
"我想花点儿时间回顾一下2007年。对于苹果公司来说，2007年是不平凡的一年，（我们发布了一些）不可思议的新产品：令人称奇的新款iMac，了不起的新款iPod，当然还有革命性的iPhone。除此之外，'花豹'操作系统和其他一些伟大的软件也是在2007年发布的。"	2007年
"对于苹果公司来说，这是非凡的一年，我想在此跟大家说一句谢谢。我们得到了顾客的大力支持，我们真的，真的非常感激。所以，为了非凡的2007年，感谢大家！"	谢谢！
"今天我想跟大家谈4件事情，让我们开始吧。第一件事，是'花豹'操作系统。"	1
"我很激动地告诉大家，在系统发布后的3个月内，我们售出了500万套。不可思议吧！这是Mac OS X系统有史以来最成功的一次发布会。"	前3个月内售出500万套

一起摇滚吧

2008年9月9日，乔布斯向外界宣布了iTunes音乐商店的一些新特性，并且为即将到来的节日季①发布了新款iPod。在这次被称为"一起摇滚吧"（Let's Rock）的发布会之前，由于他消瘦的面容，外界普遍猜测乔布斯的健康状况可能非常糟糕（2009年1月，苹果公司宣布，由于内分泌紊乱，乔布斯

---

① 指圣诞节前后节日密集的一段时间，一般指当年的11月末到第二年的1月初。——译者注

的体重正在下降,将会休假接受治疗)。乔布斯一上台,谣言就不攻自破了。他没谈及自己的病情,而是用幻灯片回应了一切(见表8-2),简洁而且出人意料。观众致以掌声和欢呼声,气氛也一下子变得轻松了。发布会的其余部分也因其简洁的风格而令人着迷。

请注意表格中幻灯片上的文字和数字。幻灯片上的文字、数字和乔布斯自己的演讲词完全匹配。当乔布斯说"我们来谈谈音乐"时,观众看到幻灯片上只有一个词:音乐。幻灯片上的文字对他的口头演讲起到了补充作用。

如果你试图传递一个信息点,而你的幻灯片上有太多文字,并且幻灯片上的文字和你说的话并不匹配,你的观众就会很难同时关注你和幻灯片。简而言之,啰唆的幻灯片会分散观众的注意力,使演讲效果大打折扣。简洁的幻灯片才能让观众把注意力集中在应该集中的地方,即演讲者身上。

表8-2 乔布斯2008年"一起摇滚吧"的演讲节选

乔布斯的演讲词	乔布斯的幻灯片
"早上好,感谢大家来到现场。我们有一些特别激动人心的事要和大家分享。在这之前,我只想说一下这件事(手指向大屏幕)。"	关于我离世的报道过于夸张了
"说这么多就够了。让我们开始今天上午的真正主题吧,那就是音乐。关于音乐,我们有一些好玩的新东西要献给大家。"	音乐
"我们从iTunes开始吧。"	iTunes
"当然,iTunes已经是一种无处不在的音乐和视频播放器了,并且已经和世界上最大的在线内容商店进行了联姻。"	iTunes主页的图片
"iTunes现在提供850多万首歌。这非常惊人!我们从20万首开始,现在已经有850多万首了。"	850多万首歌

(续表)

乔布斯的演讲词	乔布斯的幻灯片
"超过12.5万段播客。"	12.5万段播客
"超过3万集电视节目。"	3万集电视节目
"2 600部好莱坞电影。"	2 600部好莱坞电影
"近期,我们将提供3 000多种iPhone及iPod Touch的应用程序。"	3 000多种iPhone和iPod Touch的应用程序
"几年来,我们已经建立了一个庞大的顾客群。我们非常高兴地宣布,我们现在拥有超过6 500万名iTunes用户。多么惊人的6 500万!"	6 500万名用户

实验证据

基于切实的数据而不是基于主观臆测的实验研究证明,让幻灯片保持简洁,去除多余的信息是吸引观众注意力的最佳方式。理查德·迈耶(Richard Mayer)博士在加州大学圣巴巴拉分校教授教育心理学,自1991年开始一直在研究多媒体教学。他的理论都是基于发表在同行可以互相验证的、牢靠的实验研究的基础之上。在一项名为"一种多媒体教学的认知理论"的研究中,迈耶基于科学界已知的认知理论概括了多媒体设计的基本原则,乔布斯的幻灯片恰好符合迈耶列出的每一项原则。

多媒体展示原则

迈耶写道:"用语言和图片一起进行解释比单靠语言解释的效果要好。"根据迈耶的研究,如果用语言加图片的方式展示材料,学习者就很容易理解。在迈耶的实验中,在多感官环境中(文字、图片、动画、视频)学习的实验组在回想学过的那些信息时,表述总是比对照组精确得多,甚至在20年后他们还能回想起来。

> 领袖的任务是简化。你应该在两分钟之内解释清楚你要做什么。
> ——范德伟（Jeroen Van Der Veer），荷兰皇家壳牌首席执行官

图文结合原则

迈耶向我们建议："在用多媒体的方式做演讲时，采用文字和图片信息相结合的方式，比分开单独演示的效果好。"在迈耶的实验中，他向学生展示某种类型的信息，然后测试他们学到的内容。那些阅读了文字、图片相结合（图片上有标题和说明文字）的材料的学生，比那些只阅读纯文本材料的学生的学习效率高出65%。迈耶说，如果你知道大脑是如何运转的，就不会对这样的结果感到吃惊。当我们让大脑同时构建某一信息的两种头脑映像时，对于这一信息的记忆，图形式记忆的效果要比单纯的文字式记忆好很多。

分散注意力原则

迈耶还建议："当用多媒体的方式解释问题时，应该口头阐述文字信息，而不能放在屏幕上以文本的方式来解释。"当我们传递信息时，口头阐述的信息比观众从幻灯片上看到的信息更有影响力。如果需要处理的文本太多，就会导致大脑超负荷工作。

条理分明原则

迈耶写道："使用多媒体的方式解释事情时，应使用少量的而不是一大堆词汇和图片。"简短但是包含了更多相关信息的演讲更符合认知学理论。总而言之，增加多余的、无关的信息会破坏演讲的效果，没有任何好处。

迈耶说，理想的幻灯片应该包含一幅图片以及一条简单的线，把观众吸引到你希望他们注意的区域，这叫作"信号指示"。它基于这样的科学前提：你的观众不应该浪费认知资源去在大屏幕上寻找应该注意的事情。记住这一点，我们再回到"一起摇滚吧"的演讲上。在演讲进行到6分钟左右时，乔布斯描述了iTunes的一个新功能——Genius（参见表8-3）。

有什么能比幻灯片上一条简单的、指向相关区域的线，更容易让观众跟上演讲的节奏呢？指示线、简洁的文字、丰富多彩的图片和照片构成了乔布斯的演讲幻灯片的大部分内容。简约，即去除冗余的内容，是把这些东西结合在一起的原则。

"快餐式演讲"

评论家曾经嘲笑《今日美国》是"快餐报纸"，因为这份报纸里的新闻都很简短，并且浅显易懂。现在他们不再嘲笑它了，《今日美国》成了全美发行量最大的一份报纸，读者们很喜欢那些夺目的彩色图片、图表和照片。自从1982年《今日美国》创刊以来，很多日报都被迫模仿其风格，报道越写越短，色彩越来越鲜艳，图片也日益丰富起来。

《今日美国》因为它的"快照"而出名，所谓"快照"就是在主要版面（新闻、体育、理财、生活）的左下方放置的一张张单独的图表，它们就是一些容易阅读的统计图表，在视觉上很吸引人，展现了关于各种话题和趋势的相关数据。这些图表是学习创作更具视觉冲击力的幻灯片的最佳工具之一，读者仔细研究一下，就能看到理查德·迈耶的理论在现实中的应用。幻灯片中既有数据又有图片，能让信息更容易被人们记住。

乔布斯的魔力演讲
The Presentation Secrets of Steve Jobs

表 8–3　乔布斯 2008 年"一起摇滚吧"的演讲节选

乔布斯的演讲词	乔布斯的幻灯片
"我们要向大家介绍一种新功能，叫作 Genius。Genius 很酷。"	Genius
"Genius 能做的，就是帮你从你的曲库中筛选搭配出非常好听的音乐，自动组成播放列表，只需点击一下就可以实现。它帮助你从自己的曲库中重新发掘音乐，制作非常棒的播放列表，你不会想出比这更好的组合方式，只要点击一下就好。"	从你的曲库中筛选搭配出非常好听的音乐，自动组成播放列表，只需点击一下就可以实现
"这就是 Genius，它看起来就像这样。假设你在听一首歌，比如我，在听一首鲍勃·迪伦的歌。"	iTunes 曲库截图，其中一首歌被选中，突出显示
"下边角落里有一个 Genius 按钮。你按一下这个按钮，瞧，你已经做好了一个 Genius 播放列表。还有，你可以打开 Genius 边栏，它能从 iTunes 音乐商店中选一些你可能喜欢的音乐并推荐给你。"	一个紫色的圆圈从屏幕的左边蹦出来，快速跳到右边，圈住屏幕右下角的 Genius 按钮
"那么，这些功能的原理是什么呢？我们有 iTunes 商店，现在我们往里面加入了 Genius 算法。"	用线画出的简单的云的形状，云里面是 Genius 的标志。
"你有你的音乐曲库，如果打开 Genius 功能，它就会把关于你的曲库的信息上传到 iTunes（商店），这样我们就能了解你的音乐品位。这些信息是完全匿名的。"	iTunes 音乐曲库的截图（出现在云的下面）；一个箭头出现，从下方的曲库指向上方的云
"但是我们并不仅仅收集来自于你的信息，我们还要把你的信息和几百万其他 iTunes 使用者的信息结合在一起。"	在原 iTunes 曲库的边上出现很多其他曲库的图片
"你会上传你的信息，他们也会。"	原 iTunes 曲库上伸出一个箭头指向云，接着从其他曲库截图上伸出十几个箭头分别指向云
"大家都上传了，Genius 就会更加智能。"	云中 Genius 的标志换成"更加智能"这个词
"每个人都会受益。当我们把 Genius 的结果回传给你时，这些结果都是根据你的曲库量身定做的。"	箭头出现，从上方的云指向下方的 iTunes 曲库图片
"帮你从你的曲库中筛选搭配出非常好听的音乐，自动组成播放列表，只需点击一下就可以实现。这就是 Genius。"（转向现场演示部分）	

▷ 第8场 | 简化一切

空白

加尔·雷纳德说，乔布斯的幻灯片中有明显的禅宗美学理念。"在乔布斯的幻灯片中，你能看到克制、简约的美，也能看到他对于空间留白强有力却不易察觉的应用。"顶尖的设计师告诉我们，商界的专业人士在制作幻灯片时易犯的最大错误在于，把幻灯片上的所有空间都填满东西。

南希·杜瓦特把留白描述成给你的幻灯片留出视觉呼吸的空间。"幻灯片的视觉元素往往得到最多的关注，但是你需要考虑该留出多少空白……留有空白没有问题，拥挤、混乱的堆砌才是失败的设计。"杜瓦特说，把所有东西都堆在一张幻灯片上是演讲者"懒惰"的体现。

密集的信息和拥挤混乱的堆砌理解起来需要观众付出太多的努力。简洁的才是有力的，空白的空间传递着优雅、品质和清晰。

图片优势效应

我希望现在你已经决定把你目前使用的所有幻灯片收集起来，尤其是那些带项目符号的，然后删除。至少通过在电脑上删除文件然后清空垃圾桶的方式进行数字式"销毁"，这样你就永远不能恢复这些幻灯片文件了。具有视觉冲击力的主张是一个如此强有力的概念，以至于心理学家对此有一个专门的术语——图片优势效应。研究者已经发现，视觉和语言信息是沿着大脑中的多个"管道"分别以不同的方式进行处理的。这一点对于你和你的下一次演讲来说意思很明显：你的观点如果用图片来呈现的话，就会比用文字呈现更有可能被观众记住。

提出图片优势效应理论的科学家，相信这种理论代表了一种学习掌握信息的强有力的方式。华盛顿大学医学院的分子生物学家约翰·梅迪纳说："文字和口头演讲在记忆特定类型的信息的效率方面，不只是比图片的方式低一些，而是低很多。如果以口头的方式传递信息，人们能记住约 10% 的内容（演讲结束后 72 小时后的测试结果）。如果你加上一幅图片，人们将能记住 65% 的内容。"

图片比文字的效果好是因为大脑把文字看作几幅小图片。梅迪纳说："我的文字让你窒息，不是因为我的文字不像图片，而是因为太像图片。让人不安的是，对于我们的大脑皮层而言，根本就没有文字这回事儿。"

乔布斯对照片的钟爱

2008 年 6 月 9 日，史蒂夫·乔布斯在苹果公司全球开发者大会上宣布推出 iPhone 3G。发布 iPhone 3G 时，他用了 11 页幻灯片把图片优势效应发挥到了极致，其中只有一页幻灯片上有文字（iPhone 3G），其他的都是照片。[①]请看表 8–4。

表 8–4　乔布斯在 2008 年苹果公司全球开发者大会上的主题演讲

乔布斯的演讲词	乔布斯的幻灯片
"在 iPhone 的第一个生日即将到来之际，我们将带着它再上一个新台阶。"	生日蛋糕的照片，白色糖霜，草莓，中央有一根蜡烛
"今天我们向大家介绍 iPhone 3G。我们从第一款 iPhone 身上学到很多东西，我们吸收了所学到的经验和更多其他知识，创造了 iPhone 3G。它美极了。"	iPhone 3G
"这就是它的样子（转身指向屏幕，观众笑），比以前更薄，它真的很漂亮。"	iPhone 侧面图片，非常薄，以至于在幻灯片上几乎很难分辨，只占了一点点空间。这是使用留白空间传达观点的一个经典范例

---

① 原文有误，在介绍 iPhone 3G 的过程中，乔布斯使用了至少几十页幻灯片，作者只选了其中 11 页讲解。——译者注

(续表)

乔布斯的演讲词	乔布斯的幻灯片
"它的背面是全塑料的，真的很好看。"	背面的全屏照片
"全金属按键。"	另一张侧面照片，能看见按键的那一侧
"跟上一代一样，超漂亮的 3.5 英寸显示屏。"	显示屏的正面图片
"摄像头。"	背面摄像头的特写
"万能耳机插孔，这样你就可以使用任意一款你喜欢的耳机。"	耳机插孔特写
"改进后的超棒音效。"	从下向上看的一张照片，展示的是 iPhone 3G 底部的扬声器和麦克风
"它真的很棒，手感更好，让人难以置信。"	回到第一张手机侧面照片
"iPhone 3G，真的很棒！"	iPhone 3G

　　对于同样的信息，一个平庸的演讲者会把所有的信息都放进一张幻灯片里。这张幻灯片看起来可能和图 8–2 差不多。你觉得哪一种令人印象更深刻：是乔布斯的 11 页幻灯片，还是用项目符号罗列了产品特性的那一页幻灯片呢？

iPhone 3G
- 机身更薄
- 全塑料壳
- 全金属按键
- 3.5 英寸显示屏
- 内置摄像头
- 万能耳机插孔
- 超棒音效

图 8–2　文字太多且没有图片的幻灯片

当乔布斯以"世界上最薄的笔记本电脑"介绍MacBook Air时，幻灯片上出现了一张照片，照片里新款的笔记本电脑被放在了一个文件袋上面，而这个文件袋甚至比这台笔记本电脑还要大一点儿。这就是全部，没有文字，没有文本框，没有图表，就这么一张照片。如果是你，你能想到比这更有冲击力的方式吗？图片表明了一切。为了说明这一点，我做了图8-3，一个平庸的演讲者在描述一款技术产品时使用的典型幻灯片。（不管你相信与否，这页幻灯片的示意图与我实际见过的、一些不合格的演讲者在科技演讲中使用的很多幻灯片相比，算是漂亮的了。）这是各种字体、风格、数字的大杂烩，人们不会记住上面的内容，所以演讲的效果真的非常糟糕。

作为对比，图8-4展示的是在MacBook Air发布会上乔布斯使用的一页幻灯片。这次演讲的大部分幻灯片都与之类似，主要是照片。他让顾客去苹果公司的网站上寻找更多的技术信息，整个主题演讲极具视觉冲击力。很明显，用乔布斯介绍MacBook Air的方式介绍一种技术产品，要比其他方式的效果好得多。

MACBOOK AIR 显示器

显示屏
13.3 英寸LED（发光二极管）背光显示器
- 支持数百万色彩
- 支持分辨率：
  -1 280×800（标准）
  -1 024×768（像素）
  -4∶3（显示比例）

尺寸和重量
- 厚：0.16~0.76 英寸
- 长：12.8 英寸
- 宽：8.94 英寸
- 重：3.0 磅

存储
120GB 硬盘
或
128GB 固态硬盘

处理器和内存
- 1.6GHz（吉赫）处理器，6MB共享二级缓存
- 1 066MHz（兆赫）前端部线
- 2GB 1 066MHZ 的DDR3 内存

电池
- 集成 37 瓦/小时锂聚合物电池
- 45 瓦 MagSafe 电源转换器
- MagSafe 电源接口
- 4.5 小时电池续航

图 8-3　一页丑陋的幻灯片：信息太多，字体太多，风格不一致

图 8–4　乔布斯的幻灯片极其简洁，高度视觉化，极其吸引观众

资料来源：Tony Avelar/AFP/Getty Images

用照片取代文字来表达观点需要自信。因为你不能依赖幻灯片上的文字，不能把它们当作拐杖了，所以必须把要表达的信息牢记在心。这也正是乔布斯和无数普通商业演讲者的区别所在，他表达观点时简洁、清晰而且自信。

简化一切

乔布斯使用简洁的幻灯片，也使用仔细斟酌的简洁语言来描述产品。乔布斯的幻灯片没有多余的文字，他演讲时也没有多余的废话。举例来说，在 2008 年 10 月，苹果公司推出了新一代环保型 MacBook 笔记本电脑产品。在描述这款电脑时，乔布斯可以使用两种方式。表 8–5 左边一栏中的那种方式从技术上讲很精确，但是比较啰唆；右边一栏中的文字是乔布斯的原话。①

---

① 这里作者有两处错误。其一，作者说表 8–5 的内容引自 2008 年 10 月的演讲，根据原书注释，指的是 2008 年苹果公司全球开发者大会演讲。但是实际上，2008 年苹果公司全球开发者大会是在 6 月召开的，10 月举行的是"特别活动"；其二，在 10 月的"特别活动"中，乔布斯的确推出了环保型笔记本电脑产品线，但是在演讲现场，表格里引用的"业内最环保的笔记本电脑"的说法既没有出现在幻灯片中，也不是由乔布斯亲口说出来的，这句话实际上来自于苹果公司的新闻发布稿和官方网站。——译者注

表 8–5　描述环保型的 MacBook 笔记本

乔布斯本可以这样说	乔布斯实际上是这样说的
新一代 MacBook 家族符合最严苛的能源之星标准，不含溴系阻燃剂；内部电缆和部件均不含 PVC（聚氯乙烯）；具有低能耗的 LED 背光显示器，完全不含汞。	"它们是业内最环保的笔记本电脑。"

乔布斯摒弃冗长的句子，只用了一个简讯式的描述。表 8–6 是其他一些例子，包括乔布斯本可以使用但没有使用的描述方式，以及他实际的表述。

表 8–6　乔布斯可能用的描述方式和实际的描述方式

乔布斯本可以这样说	乔布斯实际上是这样说的
MacBook Air 最薄处仅 0.16 英寸，最厚处也只有 0.76 英寸。	"它是世界上最薄的笔记本电脑。"
时间胶囊是这样一种设备，它把 802.11n 基站和服务器级硬盘结合在一起，自动备份一台或多台运行"花豹"操作系统（最新版本的 Mac OS X 操作系统）的苹果电脑上的所有文件。	"有了时间胶囊，只需插上电源，按几下按钮，瞧，家里的所有 Mac 电脑都自动备份好了。"
Mac OS X 系统具有内存保护功能，是一种先占式多任务处理、对称多线程处理系统。它包含苹果公司最新的、基于互联网标准 PDF（便携式文档格式）的 Quartz（一种应用程序）平面图形引擎。	"Mac OS X 系统是有史以来技术最先进的个人电脑操作系统。"

简明英语运动

如果你在把句子写得言简意赅这方面有困难，可以求助于"简明英语运动"。自 1979 年以来，这个英国组织一直在领导一场运动，促使政府和公司简化它们的交流语言。这家网站每周都会更新由读者提交的、最复杂、最难理解的商业语言的例子。组织者把简明英语定义成这样的文字：让读者在第一次读到或听到时，就能读懂、理解并且据此采取行动。这家网站提供简明英语写作的免费指南，还提供一些将修改前后的文字进行对比的极好的例子，就像表 8–7 中引用的一样。

表 8–7　简明英语运动提供的修改前后的文字对比

修改之前	修改之后
如果有任何地方需要解释或进一步提供细节，我们将非常乐意提供这样的补充信息，可以电话申请获得这些信息。	如果你有任何问题，请致电。
良好的学习环境对于辅助和加强正在进行的学习过程来说，是一种必要的前提条件。	孩子们需要良好的学习环境。
以下注意事项很重要：你应该先阅读背面的注释、建议和细节信息，再把正面的表格填好（所有的部分），之后用我们提供的信封把表格交给委员会。	在填表之前请阅读注释，然后用我们提供的信封尽快将表格寄给我们。

你在备忘录、电子邮件或演讲中所提及的一切内容几乎都可以修改得更加简单明了。记住，简洁的原则不但适用于幻灯片上的文字，也适用于你说的话。

作家和广告专家保罗·雅顿（Paul Arden）说过："人们来听演讲是为了看你，而不是阅读你写的文字。"他告诉我们一个小窍门："不要试图让观众从你的智力和知识中受益（使用语言的方式），尽量给他们描绘一幅画面。你的演讲在视觉上越是具有冲击力，人们越是能够牢牢记住你所传达的内容。"

达·芬奇说："复杂的终极境界是简约。"作为历史上最著名的画家之一，他懂得简约的真正力量，乔布斯也懂得这一点。当你逐渐理解了这一概念，你的想法会比过去更有说服力，甚至远远超出你的想象。

导演手记

- 避免使用项目符号。永远不要用,尽量不要用。在书、文件和电子邮件这类意在让读者阅读的东西里,如果出现了项目符号是完全可以接受的,事实上,它们能把文本清晰地分开。但演讲幻灯片中应该避免出现项目符号,图片的效果会更好一些。

- 一张幻灯片集中关注一个主题,用照片或图片对这个主题加以补充。

- 学习创作有优美视觉效果的幻灯片。最重要的是,记住一点,创作图片丰富的幻灯片并不需要你成为一个艺术家。

第 9 场 | 精心"装扮"数字

> 我们迄今为止已经售出了 400 万部 iPhone。如果你用 400 万除以 200 天,结果就是平均每天售出两万部 iPhone。
>
> ——史蒂夫·乔布斯

2001 年 10 月 23 日,苹果公司推出了一款数字音乐播放器,后来这款播放器掀起了整个音乐产业领域的革命,它就是 iPod。但是,iPod 售价是 399 美元,实在很贵。iPod 在 5GB 的硬盘上储存歌曲,但是 5GB 这个数字本身对于普通的音乐爱好者来说意义并不大。在他的主题演讲中,乔布斯说 5GB 相当于 1 000 首歌的存储空间,这样,这个数字听上去就有意义多了。尽管这听起来令人印象更深刻,但是 iPod 仍然不能显示出更具说服力的价值,因为竞争者在以更低的价格提供更大的存储空间。对此,乔布斯向他的观众保证,好戏还在后头。他说全新的 iPod 只有 0.19 千克,非常小巧,以至于它能"直接装进你的口袋"。当乔布斯从自己的口袋里掏出一个 iPod 时,观众们对它一见倾心。iPod 的广告词把该说的都说了:"把 1 000 首歌装进你的口袋。"

数字很少能让观众产生共鸣,除非把数字放进一个人们能够理解的语境之中,让这些数字和他们已经熟悉的事物产生联系。也许 5GB 这个数字对你来说毫无意义，但是把"1 000首歌装进你的口袋"则为你提供了一种欣赏音乐的全新方式。

乔布斯"装扮"数字的目的是，让它们变得更加有趣。《滚石》杂志的记者杰夫·古德尔有一次问乔布斯对苹果公司在美国的市场份额"卡"在5%的水平上这件事怎么看（这次采访发生在2003年。写作本书的时候，苹果公司在计算机行业所占的市场份额是10%）。普通的读者可能会认为5%的市场份额太小了，微不足道。乔布斯却给了我们一个全新的视角来看待这个数字，他是这么描述的："我们的市场份额比宝马或奔驰在汽车工业的市场份额还要大。然而，没有人认为宝马和奔驰会从市场上消失，也没有人认为它们因为市场份额而吃了很大的亏。事实上，宝马和奔驰都是消费者向往的产品和品牌。"5%的市场份额听起来好像很小，但是当乔布斯通过拿它和汽车工业做类比给出语境后，故事就变得有趣多了。把苹果公司的市场份额和两个著名汽车品牌的市场份额联系在一起，乔布斯向我们讲述了数字背后的故事。

速度翻番，售价减半

第一代iPhone在美国电话电报公司的标准手机网络（EDGE）上传输数据的速度非常缓慢，令人痛苦。2008年6月9日，苹果公司推出了iPhone 3G，解决了这个问题。在演讲中，乔布斯说新款iPhone的速度是使用EDGE网络速度的2.8倍，但是他并没有就此止步。乔布斯把这个数字放入一个语境中，使普通的上网用户能够理解和感受到这一优势。他并排展示了两个画面——分别在EDGE网络和新的3G高速网络上登录国家地理网站。EDGE网络完全打开网站用了59秒，而3G高速网络只用了21秒。不但如此，苹果公司还通过降低售价给消费者送上了一份大礼。

在乔布斯看来，消费者可以用一般的价格得到一部运转速度翻番的手机。一般的演讲者常常让枯燥的没有语境的数字脱口而出，以为他们的观众能够和他一起欢呼雀跃。但乔布斯知道，数字对于最狂热的粉丝来说可能有意义，而对于现在的消费者来说，大体上是没有任何意义的。乔布斯会把数字变得具体、切题，并且充分契合演讲场合。

具体、切题、契合演讲场合

让我们再看两个乔布斯把数字变得具体、切题、契合演讲场合的例子。2005年2月23日，苹果公司在iPod产品线中添加了一款新产品，这款iPod拥有30GB的容量。大多数消费者都不知道30GB对于他们来说究竟意味着什么，他们知道这比8GB"要好一点儿"，但这就是他们理解能力的极限了。乔布斯从来不会脱离语境宣布这么一个数字，所以他把它变成观众能够理解的语言，他说30GB的容量足够装下7 500首歌，或25 000张照片，或长达75个小时的视频。这一描述非常具体（7 500首歌，而不是"几千首歌"），和观众的生活息息相关（人们可以随时随地欣赏歌曲、照片和视频），并且契合演讲场合，因为他选择突出的数字都是他的核心观众特别关心的，这些核心观众都是苹果公司的顾客。

第二个例子是，乔布斯选择在2008年Macworld大会上举行iPhone诞生200天庆祝会。乔布斯说："我非常高兴地向大家汇报，我们迄今为止已经售出了400万部iPhone。"他本可以止步于此（大部分演讲者会停在这里不再多说），但是乔布斯又"乔布斯"了一把，他接着说："如果你用400万除以200天，结果就是平均每天售出两万部iPhone。"乔布斯也可以在这里止步，但是他又接着说："在这段很短的时间里，iPhone已经占据了20%的市场份额。"[①]好了，你可能会说乔布斯在这里肯定会停下来了，但他没有。

他问道："这对于整个市场来说意味着什么呢？"接着，他展示了美国智能手机市场份额的幻灯片，上面有加拿大移动通信研究公司（RIM）、奔迈、诺基亚和摩托罗拉这些竞争对手。RIM的黑莓手机拥有最大的市场占有率，是39%。iPhone排在第二位，为19.5%。然后乔布斯把iPhone所占的市场份额和其他竞争对手所占的市场份额做了一个比较，他得出的结论是，

---

① 在第二个例子里，原文有误。乔布斯在说完每天售出两万部iPhone后，并没有接着说出iPhone已经占据了20%的市场份额，他是在接下来用幻灯片展示各个竞争对手所占市场份额时说出iPhone所占的市场份额的。——译者注

iPhone所占的份额基本赶上了余下三家竞争对手所占市场份额的总和——在开始销售的90天内。这些数字当然是非常具体的，和iPhone的销量问题紧密相关，并且最重要的是，与演讲的场合高度契合（当时乔布斯的听众是投资者）。通过把iPhone和老牌的竞争对手进行比较，乔布斯让这个成就（第一个季度售出400万部）听上去要了不起得多。

用类比突出数字

当我和闪迪公司（SanDisk）的执行官们一起工作，为2008年拉斯韦加斯的消费电子展会准备一场非常重要的发布会时，我借鉴了乔布斯的做法。这家闪存卡制造商要推出一种新的小存储卡，可以装进手机的Micro SD卡插槽。这种存储卡真的非常小，而更令人吃惊的是，外形这么小的卡居然拥有12GB的容量。然而，只有电子产品的狂热爱好者才会为12GB这个数字激动，所以我们需要用乔布斯的风格"装扮"这个数字。我们最终的声明是这样的：

> 今天，我们推出用于手机的首款12GB容量存储卡。它拥有500亿个晶体管，如果把每一个晶体管想象成一只蚂蚁，让500亿只蚂蚁头尾相接排成一队，就能绕地球两圈。这种存储卡对你来说意味着什么呢？足够存储6个小时时长的电影。如果存储音乐的话，歌曲的数量足够你听着去月球旅行，还能伴你返回地球！

单单提出12GB这个数字只会让人觉得乏味，除非你能真正理解这项成就的影响和对你而言的意义。当闪迪公司把500亿个晶体管和环绕地球的蚂蚁数量做比较时，他们是在使用类比的方式让数字变得有趣。类比指出两个单独的事物之间的类似特性，有些时候，类比是把数字放进观众能够理解的语境的最佳方式。

观点越是复杂，使用修辞手段（比如说类比）来帮助受众理解就越重要。举例来说，2008年11月17日，英特尔公司发布了一款性能强大的微处理器，叫作酷睿i7。这款新芯片代表了一次技术上的重要飞跃，在一片硅晶片上装有7.3亿个晶体管。工程师说这项技术"激动人心",他们之所以这么说,是因为他们是工程师。普通的消费者和投资人怎么才能理解这一伟大的成就呢?英特尔公司的产品测试总监约翰·巴顿(John Barton)找到了答案。

在《纽约时报》的一次访谈中,巴顿说,英特尔公司在27年前制造的处理器有2.9万个晶体管;酷睿i7处理器把7.3亿个晶体管塞进了同样大小的一块芯片中。他把两块芯片分别比作纽约州的伊萨卡市(人口2.9万)和欧洲大陆(人口7.3亿),然后再加以比较。"伊萨卡市本身就已经很复杂了,如果你能想象这个城市发生的各种事情的话。当我们把它的人口同比例放大到7.3亿时,我们就会发现,整个城市的面积会变得和欧洲大陆差不多大。现在我们要把'欧洲'缩小,直到它能装入像'伊萨卡市'那么大的一块'土地'。"

数字工匠

每一个行业都有数据,而且几乎每一个行业中的每一位演讲者都没能把数据变得有趣、有意义。在本场的剩余部分,让我们来看几个例子,在这些例子中,这些公司和个人完成了乔布斯在每一场演讲中必做的工作——让数字变得有意义。

每秒进行1 000万亿次运算

2008年9月,IBM发布了一份新闻通稿,宣传一台超级快速的巨型计算机。就像这台计算机的名字暗示的,"走鹃"(Roadrunner)真是个运转非常快的系统。它以1 petaflop/s的速度运行。Petaflop/s是什么?很高兴你问了,它的意思是每秒进行1 000万亿次运算。IBM意识到这个数字对于大多数读者来说都是毫无意义的,所以它增加了以下这段描述:

> 1 petaflop/s到底意味着多快呢?粗略比较的话,相当于10万台当今最快的笔记本电脑计算能力的总和。要想和'走鹃'的运行速度相媲美,你需要约2 400千米高的一大摞笔记本电脑才行。
>
> 整个地球的全部人口——约60亿,每人用一台计算器以一秒钟一

次的运算速度工作，连续工作46年，才相当于"走鹃"一天的运算量。

在过去的10年中，如果汽车以超级计算机提高效能的速度增加每加仑汽油行驶的英里数，我们在今天就能用1加仑汽油跑上20万英里了。

这些类比说服力极强，吸引了媒体的注意力。在Google上搜索"IBM+Roadrunner+1.5 miles"，会出现将近两万个链接，几乎都一字不差地使用了IBM在新闻通稿中提及的类比。这些类比非常有效。

7 000亿美元救市

数字越大，越需要把它放进对于观众来讲有意义的语境中。例如，2008年10月，美国政府斥7 000亿美元巨款救援银行和金融机构。这个数字就是7后面跟着11个零，如此庞大的一个数字，以至于基本上没人能够理解它意味着什么。《圣荷塞信使报》(San Jose Mercury News)的记者斯科特·哈里斯(Scott Harris)把这个数字放进了读者都能理解的语境中：7 000亿美元相当于Google双雄财富总和的25倍，相当于3 500亿杯星巴克大杯拿铁，相当于35亿部iPhone。政府可以用这笔钱给美国的每一个男人、女人、小孩开一张2 300美元的支票，或者为2 300万名大学生提供免费教育。几乎没有人能理解7 000亿美元这个概念，但是他们知道拿铁咖啡或大学学费。这些数字才是具体的、切题的。

一年13万亿磅的碳排放量[①]

环保组织往往要颇费周折才能让数字变得有意义。如果他们希望说服人们改变多年来根深蒂固的习惯和做法（有可能加剧气候变化），他们就必须这样做。如果不建立联系，这些数字就显得太大了（并且看起来和我们无关）。举例来说，你可以试着告诉某人，仅仅在2006年一年的时间里，美国

---

① 这个标题的原文误写成了13万亿美元，实际上这部分谈论的是二氧化碳排放量而不是钱。1磅≈0.45千克。——译者注

就排放了13万亿磅二氧化碳。这听起来是一个巨大的数字，但它意味着什么呢？没有语境。13万亿磅和其他国家的数据比较起来有可能较大，也可能较小，并且坦白来说，这对于一个普通人来说有什么意义呢？这个数字本身并不能说服人们改变他们的习惯。

阿尔·戈尔的网站（ClimateCrisis.org）对这个数字进行了剖析。一个普通的美国人每年要为44 000磅二氧化碳排放量负责，而全球平均值是每人每年9 600磅。这种说法就很具体，也契合网站的目标人群。这个网站接着又让这个数字变得和读者更加息息相关，它告诉读者如果这个数字降不下来将会导致什么结果：炎热的天气将会越来越普遍，干旱和大火会更加频繁地发生，在接下来的50年内，超过100万种生物将会灭绝。

美国国家海洋和大气局（NOAA）的科学家在这方面也不甘落后。资深科学家苏珊·所罗门（Susan Solomon）有一次告诉《纽约时报》的记者说，如果以目前的速度持续燃烧化石燃料，二氧化碳的浓度将达到450ppm（一种浓度单位）。这个数字是什么意思呢？所罗门说，在这种二氧化碳浓度下，海平面的上升将会威胁全世界的沿海区域，澳大利亚西部的降水量可能会减少10%。"10%听起来不算什么，但是过去我们经历的一些重大旱灾，比如说尘暴干旱区（位于俄克拉何马州）发生旱灾，就是因为降水量下降了10%。"

不管你是否相信全球会变暖，气候变化专家阿尔·戈尔和苏珊·所罗门等人在把数字变得有意义这件事上堪称大师。他们这样做，是希望能够说服政府、个人采取那些他们认为能够解决问题的行动。

改变饮食习惯，否则将付出终极代价

如果你对于血压一无所知，而医生告诉你，你的血压是220/140mmHg（毫米汞柱），你会因此改变饮食和锻炼习惯吗？可能不会，除非别人把这些数字放进对你有意义的语境中。我认识的一名医生有一次对一个病人这样讲："你的血压是220/140mmHg，但120/80mmHg才算正常。你的血压非常高，这意味着你突发心脏病、罹患肾病和中风的概率比一般人要高很多。血压这么高，你随时可能因脑出血而死亡。你大脑里的动脉血管真的会爆裂。"这段话说得具体、切题，跟患者息息相关，医生通过这段话表明了自己的观点，促使患者马上采取行动，改变自己的生活方式。

不管你从事什么行业，你随便抛出的数据对周围的人都不会产生任何影响，除非你能让它们变得有意义。脱离语境的数字不会给人留下什么印象。不管你是在展示一种新技术，还是在解释一种具体疾病的严重程度，把数字和他人熟悉的事物联系在一起，才能够让你的信息更有意思，影响力更大，更有说服力。

导演手记

- 使用数据支持演讲主题。这样做的时候，仔细考虑你需要展示的数据。不要使用太多的数据，否则观众会难以接受。

- 让你的数据具体、切题、契合语境。换句话讲，把数据放在和听众的生活紧密相关的语境中。

- 使用类比等修辞手段"装扮"你的数据。

■ 第 10 场 | 使用"超酷"的词汇

> 插上电源。哇,搞定!
> ——乔布斯,描述第一代 iPod 传输歌曲的功能时说的话

乔布斯在 2008 年 6 月 9 日举行的苹果公司全球开发者大会上向大家介绍了 iPhone 的升级版。与原来的型号相比,iPhone 3G 的速度翻番,支持更快速的第三代美国电话电报公司的数据网络。3G 网络的传输速度潜力能达到每秒 3MB,而 2G(第二代)网络则慢得多,每秒只能传输 144kB。简单来说,3G 对于手机上网和下载多媒体大文件来说更好。乔布斯说得则更简单——"它快得吓人"。

乔布斯以一种简单、清楚、直接的方式说话,没有术语,没有错综复杂的表述,这在商业沟通中很常见,但乔布斯是那些能够自信地说出一个产品"快得吓人"的少数商界领袖之一。在一次接受《财富》(*Fortune*)杂志的访谈中,记者请他描述一下苹果公司的全新 Mac OS X 操作系统的界面。他说:"我们把屏幕上的按钮做得如此好看,以至于你会忍不住想舔一舔。"即便你认为乔布斯是时不时地在哗众取宠,他使用的语言也会让你忍俊不禁。他会选择使用那些好玩、实在且在大多数专业商业演讲中不常见的词汇。

乔布斯、盖茨和简明英语测试

《西雅图邮讯报》(*Seattle Post Intelligencer*)的科技记者托德·毕晓普(Todd Bishop)应读者的要求写过一篇妙文。他用一个语言分析软件把乔布斯和盖茨在 2007 年和 2008 年间所做的 4 场演讲的整理稿测试了一遍(乔布斯在 Macworld 大会上的主题演讲和比尔·盖茨在消费电子展上的演讲)。一般来说,这种测试的得分越低,表明语言越易懂。

毕晓普使用的是 UsingEnglish.com 网站提供的在线软件。这个工具基于以下 4 条标准对语言进行分析:

1. 每句话的平均单词数。

2. 词汇密度——文本读起来容易或困难的程度。"密度较低"的文本更容易理解。在当前这种情况(演讲的情况)下,较低的密度比较好。

3. 难懂的词——平均每句话中包含的超过三个音节的单词的数量。在演讲的情况下,比较高的比例不太好,因为这意味着文本中"难懂的词"较多,对于普通观众来说难以理解。

4. 迷雾指数(Fog index)——为了理解文本,理论上需要读者接受多少年的教育。例如,《纽约时报》的迷雾指数是 11 或 12,而一些学术文章的迷雾指数为 18。迷雾指数的意思很简单,即用简明的英文写的短句子比用复杂的英文写的长句子得分要高。

测试后发现,乔布斯比盖茨做得好很多,这并不出人意料。表 10–1 比较了 2007 年和 2008 年的测试结果。

表 10–1 语言复杂程度:乔布斯与盖茨的演讲词比较

	乔布斯在 Macworld 大会上的演讲	盖茨在国际消费电子展上的演讲
2007 年		
每句话的平均单词数	10.5	21.6
词汇密度(%)	16.5	21.0

(续表)

	乔布斯在Macworld大会上的演讲	盖茨在国际消费电子展上的演讲
难懂的词（%）	2.9	5.11
迷雾指数	5.5	10.7
2008年		
每句话的平均单词数	13.79	18.23
词汇密度（%）	15.76	24.52
难懂的词（%）	3.18	5.2
迷雾指数	6.79	9.37

不管是哪一年，在使用人们容易理解的术语和语言方面，乔布斯都远胜盖茨。乔布斯使用的词汇更加简单，他的短语没那么抽象，每句话中包含的单词也更少。

表10–2比较了他们两个人在2007年的演讲。左边一栏是乔布斯的演讲节选，盖茨的演讲节选在右边一栏。

表10–2　乔布斯和盖茨在2007年的主题演讲词比较

乔布斯在2007年Macworld大会上的演讲	盖茨在2007年国际消费电子展上的演讲
"你们知道，正是在一年前，我站在这里，宣布我们会转而使用英特尔处理器。这是一次大手术，要移植一颗英特尔处理器的心脏。当时我说我们会在接下来的12个月内完成，结果我们只用了7个月就完成了。这次转变是我们见过的，行业历史上最顺利、最成功的转变。"	"处理器正在发挥64位的内存能力，而我们正在完成这次转换，没有不兼容的问题，没有额外花费很多钱。原有的32位软件可以运行，但是如果你需要有更多的空间，它就在那里摆着呢。"
"现在我想告诉大家一些关于iTunes的事情，相当激动人心……我们每天会卖出500万首歌，是不是很不可思议？那就相当于每一天的每一个小时的每一分钟的每一秒售出58首歌。"	"我们今年所经历的过程，有beta2版，有200多万人试用。发布候选版是我们获得反馈的最后机会，有500多万人试用。我们深入开展了许多工作，我们走进使用Windows Vista的家庭中了解情况，我们在7个不同的国家开展了这样的工作。我们进行不可思议的性能模拟，在常见的各种软件混合使用的情况下获得了超过60年的等价性能测试结果。"

119

乔布斯的魔力演讲
The Presentation Secrets of Steve Jobs

（续表）

乔布斯在 2007 年 Macworld 大会上的演讲	盖茨在 2007 年国际消费电子展上的演讲
"我们的 iTunes 有超酷的电视节目。事实上，我们有超过 350 种不同的电视节目，你可以从 iTunes 上购买。我非常高兴地告诉大家，我们已经在 iTunes 上卖出了 5 000 万个电视节目。多么不可思议啊！"	"微软 Office 软件有了新的用户界面，有了一些连接 Office Live 服务和 Share Point 的新方式，这一用户界面的创新力度非常大。"

盖茨表述得很枯燥的地方，乔布斯却表达得很清楚；盖茨表述得很抽象的地方，乔布斯则表述得很具体；盖茨表述得很复杂的地方，乔布斯则表述得很简单。

你可能会说："比尔·盖茨说话有可能不如乔布斯那么简洁，但他是世界上最富有的家伙，所以他肯定做对了一些事情。"你说的没错，他是做对了一些事情，盖茨发明了 Windows 操作系统，全世界 90% 的电脑安装的都是这种操作系统。但是，你没有取得这些成就。你的观众可以接受盖茨的演讲方式，但是如果你用同样的方式演讲，他们就不会接受，所以你别想蒙混过关。如果你的演讲令人困惑、错综复杂、拐弯抹角，并且术语连篇，你就会丧失一次吸引观众、让他们激动的机会。要想使演讲更易于理解，就要避免出现高"词汇密度"的情况。

你可能已经注意到，乔布斯最爱用的很多词汇就是那些人们在日常闲聊中常用的"令人震惊""不可思议""美极了"等。大多数演讲者会为了推销或演讲而改变自己的语言，但乔布斯在台上和台下的说话方式则是相同的。他对苹果公司的品牌信心十足，在选择词汇时也自得其乐。有一些批评者可能会说他的语言已经接近自吹自擂了，但是乔布斯的确能够引起很多顾客的共鸣。

当然，你应该使用那些能真实反映你的服务、品牌或产品的词汇。一位理财顾问向顾客推荐一种共同基金的时候，如果他这样说："这种新的共同基金会在我们现在的金融界掀起一场革命。它令人震惊，你现在就把你的钱投资在这上面吧。"这听起来就不够真诚。相反，这个理财顾问可以这么说：

"共同基金是一种非常好的产品,能够使你的财富增值,同时又能降低风险。虽然有成千上万种基金可供选择,但是有一种新推出的基金格外令我兴奋。让我告诉你一些细节……"在后面的这种表述里,我们的理财顾问选择了一些既简单又带有情感色彩的词汇,同时也保持了专业性和职业道德。

不要惧怕使用那些简单的词汇和那些带有描述性的形容词。如果你真的觉得一个产品"棒极了",就尽管这么说吧。毕竟,如果你自己对它都没有兴趣,怎么能指望消费者对它感兴趣呢?

避免堆砌术语

乔布斯的演讲中很少出现术语。他的演讲词都很简单,跟日常聊天似的。术语,即某种特定领域的专门语言,会在通向自由自在、简简单单交换观点的大路上设置路障。我参加过无数次这样的会议:在同一家公司不同部门工作的两个人完全听不懂对方使用的术语。术语和行话空洞且毫无意义,几乎肯定会让你的发言晦涩难懂,说服力也会因此大打折扣。

公司的使命宣言最容易犯术语连篇的错误。使命宣言通常都是冗长、纠结、术语连篇的段落,需要公司的各种委员会开好几次会讨论才能制定好,而且注定会被人忘记。它们充斥着术语和模糊不清的表达,但你很少会在乔布斯的嘴里听到这些,比如"协同作用""以原则为导向""最佳组合"等,这些表述都是废话。然而,全世界的公司雇员们每天都要坐在会议室里见证一句话里到底能包含多少个这样的词汇。

苹果公司的使命宣言正好与此相反,简洁、清楚,很有冲击力,全是调动情绪的词汇和翔实的例子。内容如下:

> 苹果公司在 20 世纪 70 年代用 Apple II 型计算机引发了个人电脑革命,后来又用麦金塔电脑重塑了个人电脑。今天,苹果公司继续以其获奖电脑、OS X 操作系统、iLife 和专业应用软件领导行业创新。苹果公司也以 iPod 便携音乐和视频播放器、iTunes 在线商店,领导着数字媒体革命,并且已经凭借革命性的 iPhone 进入了手机市场。

乔布斯的魔力演讲
The Presentation Secrets of Steve Jobs

乔布斯选择用来发布一款新产品的词汇有三个特点：简单、翔实、富有情绪感染力。

- **简单**。没有术语，音节较少。
- **翔实**。非常具体的短语，简短、实在的描述，而不是冗长、抽象的讨论。
- **富有情绪感染力**，使用描述性的形容词。

乔布斯介绍MacBook Air的句子就充分体现了这3个特点："这是MacBook Air。你能感觉到它有多薄（具体的感受），它拥有全尺寸键盘和显示器（简单），是不是特别棒（富有情绪感染力）？这就是它的样子，是不是令人难以置信（富有情绪感染力）？它是世界上最薄的笔记本电脑（简单），它有一个特别漂亮的13.3英寸宽屏显示器和非凡的全尺寸键盘（富有情绪感染力并且翔实）。我们的工程师团队居然能够制造出这样一款电脑，真让我惊讶（富有情绪感染力）！"

恪守简洁原则的大师

在2008年、2009年国际金融市场崩溃的时候，财务大师、畅销书作家苏茜·欧曼除了在她自己的美国全国广播公司的节目上出镜之外，也是"奥普拉脱口秀"和"拉里·金脱口秀"这类节目的常客。银行和金融公司请她来做广告，目的就是缓解客户的恐慌情绪。我采访过欧曼几次，发现她非常乐于与大家分享她在交流沟通方面的成功经验。

我有一次问她："你如何让复杂的金融话题变得容易理解？"

欧曼回答道："有太多人想通过抛出一堆自己掌握的信息来赢得

第10场 | 使用"超酷"的词汇

他人的信任和尊重，他们认为这样做显得自己水平很高。"

我说："但是，如果你的信息过于简单的话，你不怕别人不拿你当回事儿吗？"

欧曼说："我不在乎人们是怎么想的，我只在乎一点：我所传递的信息能够让我的读者或听众得到好处……如果你的目的是向听众传递足以引起改变的重要信息，那么如果你问我的话，我就会尊敬那些把信息阐释得尽可能简单的人。比如，如果我给你指路，告诉你如何找到我家，你会希望我给出最简单的路线。如果我把路线说得很复杂，对你没什么好处。你听了之后可能很恼火，索性放弃不来了。而如果路线很简单，那么你很可能会开车试着找到我家，而不是放弃。还有一些人反对简单，是因为他们需要事情非常复杂的那种感觉。如果所有事情都那么简单，他们就会觉得自己的工作不保了。正是我们对于岗位'消失'的恐惧，对于裁员的恐惧，对于被忽视的恐惧，导致我们用一种不必要的、非常复杂的方式进行交流。"

表10–3中列举了更多具体、翔实、富有感染力的短语，都是乔布斯语言能力的体现。这只是一个很小的范例，乔布斯的每一场演讲用的都是类似的语言。

讨厌术语的杰克·韦尔奇

杰克·韦尔奇有一个经验性结论："不自信的经理人会把一切搞得更复杂。"在他担任通用电气首席执行官的20年中，这家企业的年收入从130亿美元增长到5 000亿美元。韦尔奇的使命是在公司的方方面面进行"去烦琐化"处理，从管理流程到内外部交流。他厌恶冗长且错综复杂的备忘录、会议和演讲。

在《杰克·韦尔奇自传》（*Jack: Straight from the Gut*）[①]中，韦尔奇描述了一些让他感到"无聊"的会议。如果你想惹恼这位新任首席执行官，只需要说一些他听不懂的话就行了。韦尔奇会这样说："假装我们还在上高中……只要告诉我最基本的就好。"他在书中描写了他和手下一位管理保险业务的领导第一次会面的场景。韦尔奇问了一些关于他不熟悉的术语的简单问题。他写道："于是我打断他，问道：'临时保险与合同保险之间的区别是什么？'他笨拙地跟我磨叨了好几分钟（我根本没听懂），最后终于崩溃了，他说：'你怎么能指望我在5分钟之内教会你我花了25年才学会的东西！'不用说，他没干多久就走人了。"

说话时使用大量术语会遭到惩罚，因为社会崇尚这样的讲话方式：没有难懂的术语。不知所云会葬送你的工作，妨碍你升迁到与你能力相匹配的职位。

表 10–3　乔布斯的演讲中具体、翔实、富有感染力的短语

场合	表达
2001 年苹果音乐节活动	"iPod最酷的地方在于，它能把你的整个音乐曲库都装进你的口袋。"
2003 年在 Macworld 大会上，介绍全球首款 17 英寸宽屏笔记本电脑	"之前我请你们扣好安全带，现在我希望你们能系好安全肩带。"
2003 年在 Macworld 大会上，介绍钛合金 PowerBook	"满足你欲望的神器。"

[①]《杰克·韦尔奇自传》一书中文版已由中信出版社于 2013 年 6 月出版。——编者注

(续表)

场合	表达
2003年在Macworld大会上，谈及新款17英寸PowerBook	"这款电脑堪称惊艳，它是我们生产过的最令人难以置信的产品。你看看它的显示器，真是好得吓人。看看它有多么薄，是不是觉得它很不可思议？当它合上时，只有一英寸厚。合上也非常好看。很明显，这是人类有史以来最先进的笔记本电脑。我们的竞争对手到现在还没有追上我们两年前推出的产品，我真不知道他们该拿这款机器怎么办。"
乔布斯对于第一代麦金塔电脑的描述	"超级棒。"
劝说百事总裁约翰·斯卡利担任苹果公司首席执行官	"你是要一辈子卖糖水，还是要一个改变世界的机会？"
乔布斯在《书呆子的胜利》中说过的名言	"活着就是为了改变世界。"
苹果公司讨论首席执行官吉尔·阿梅里奥的辞职问题	"产品糟透了！再也没有以前的那种性感了！"
2008年9月，乔布斯为新款iPod的发布创造了一个新词——最好玩（"funnest"）	"iPod Touch是我们制造过的最好玩的iPod。"
2003年1月7日，推出第一款17英寸笔记本电脑	"超越PC笔记本电脑的一次巨大飞跃，奇迹般的设计。"

有些人看了这张表格后会说乔布斯是炒作大王。嗯，只有无中生有时，才能视其为吹牛或炒作。你很难跟乔布斯争辩说第一代麦金塔电脑（第一台图形界面使用鼠标操作的易用电脑）算不上"超级棒"，或者MacBook Air这类产品并非"薄得让人惊艳"。

与其说乔布斯是吹牛大王，倒不如说他是喊"口号"的专家。苹果公司的员工会花很长时间，非常努力地思考用来描述一个产品的语言。组织这些语言的目的就是点燃顾客的热情，打造"必须拥有"的体验。这没什么错。你要知道，大多数商业语言都是费解而啰唆的——无聊、抽象、无意义。乔布斯绝对不是一个无趣的人。你也在自己的语言中注入一些活力吧！

它就像是……

另外一种为语言增添魅力的方式是使用类比,把一个概念或产品与观众熟悉的概念、产品放在一起进行比较。每当乔布斯用一种全新推出的产品震撼整个市场时,他都会不辞辛苦、不厌其烦地找到一种方式,把这个产品和一种已经被广泛理解、经常使用或是非常著名的东西加以比较。这里是一些例子:

- "Apple TV就像21世纪的DVD播放机。"(2007年1月9日,推出Apple TV时)
- "iPod Shuffle比一包口香糖还要小,还要轻。"(2005年1月,推出iPod shuffle时)
- "iPod就和一叠扑克牌一般大小。"(2001年10月,推出iPod时)

一旦你找到了好用的类比,就坚持使用。你重复的次数越多,你的顾客就越有可能记住它。用Google搜索一下提到苹果产品的文章,你会发现,很多网页使用的就是乔布斯用过的比喻,而且一字不差。

糟糕的产品推介

不要推销"解决方案",要学会讲故事。这是《纽约时报》的专栏作家戴维·博格(David Pogue)钟爱的产品推介风格。他说他的专栏大部分都来自各种产品推介,他不想看到术语。但令人吃惊的是,公共关系从专业人员却是最喜欢使用术语的人群之一(能超过他们的只有官员、资深经理人和IBM顾问)。博格认为,诸如"集成""同种最优""B2B""以消费者为中心"等吓人的词汇都是不必要的。理想的产品推介应该是一个简短的段落,告诉人们这个产品到底是什么,是用来做什么的。比如,有一个公司给博格

第10场｜使用"超酷"的词汇

> 写信说，它的一款新型笔记本电脑，从6英尺高的地方掉下来或者浸入水里都没事，可以在300摄氏度的高温下照常工作。这种聪明的描述就抓住了博格的注意力。
>
> "糟糕的演讲博客"对于公共关系、市场和销售人员来说是必读的。这个网站登载了公共关系专员撰写的真实产品推介，这些人本应该懂得更多，不至于写出令人费解、术语连篇的"伪"新闻稿。
>
> 这里有一个例子："希望你一切都好。我想向你介绍＿＿＿＿，一种新型的基于社区的家庭数字网络，能够提供相关的、本地化的媒体内容，和消费者的日常习惯节奏一致，就像午后喝咖啡或吃三明治一样。"这则产品推介来自一家在快餐店播放视频广告的公司。他们为什么不直接说呢？因为太简单了，人们惧怕简单。这也不是个案。这个网站每天都更新一些产品推介，来自大大小小的公关机构或者公司。苹果公司的产品推介几乎没有在这家网站上登载过，因为苹果公司的新闻稿会用乔布斯在演讲中使用的"日常"语言讲述一个故事。
>
> 就像这家网站的箴言说的那样："一个好的产品推介会消失，变成一个娓娓道来的故事；一个糟糕的推介则会变成人们茶余饭后的笑料。"

你的听众和读者会试图对产品进行分类，因为他们需要一个空间来存储信息，请为他们把这个"空间"准备好。如果你没有做到，你就是在迫使他们的大脑超负荷工作。埃默里大学的心理学教授格雷戈里·伯恩斯博士研究发现，人类的大脑想要消耗尽可能少的能量，这意味着它不想为了理解别人在说什么而过于努力地工作。他说："这种效率原则有一些非常重要的推论，它意味着大脑会在任何可能的时候抄近路、走捷径。"类比就是捷径。

没有什么能比术语和复杂的表述，更能彻底地破坏你的演讲效果了。没有人会因为你说的"同种最优、领先优势、灵活解决方案"而高看你一眼。相反,你会让他们昏昏欲睡,失去他们的订单,影响你自己的事业。清楚、简明、富有感染力的语言能够帮你把潜在顾客变成顾客,把顾客变成品牌的"传教士"。用你选择的词汇取悦你的顾客,用这些词汇刺激他们大脑里的多巴胺,让他们不管什么时候想到你、想到你的产品都会感到兴奋。如果人们在听你演讲的时候始终云里雾里,那么他们就不可能接受你的想法或感受到你的激情。

有趣的标题词

你的顾客是你最得力的传教士。我想起以前和一个客户的谈话,他是头盖骨游戏公司的创始人理查德·泰特。他说他没做过任何广告就卖出去100万个游戏产品,全靠口口相传。他对我说:"千万别忘了,你的顾客就是你的销售大军。"

他的顾客们(他管他们叫"头盖骨游戏迷")喜欢寻找乐趣。既然游戏的名字就叫"乐趣",所以泰特认为公司的每一方面都要渗透一些有乐趣的古灵精怪的创意。头盖骨公司允许雇员给自己的职位起名字,比如,泰特不是头盖骨公司的首席执行官,他是"超级大亨"。这可不是在跟你开玩笑,这个头衔就印在他的名片上。

你可能会觉得这很傻,但是我跟你说,当我第一次走进该公司的西雅图总部时,我就被扑面而来的乐趣、激情和专注震撼了,我以前从没有见过类似的东西,以后也没有。

📶 导演手记

- 把你的演讲简单化。去掉烦琐的语言、行话、术语，不断精简、精简、再精简。

- 用UsingEnglish.com网站的工具测试一下你的演讲稿，看看它有多难懂。

- 使用一些好玩的词汇或夸张的修饰词来表达你对产品的激情。乔布斯认为，"麦金塔电脑显示器上的按钮是如此好看，以至于你忍不住想舔一下。"这就是自信。

■ 第 11 场 | 分享舞台

> 不要被历史束缚。走出去,创造美好的事物。
> ——罗伯特·诺伊斯(Robert Noyce),英特尔公司联合创始人

2006年1月10日在Macworld大会上,乔布斯宣布新款iMac是内置英特尔处理器的苹果电脑。在前一年的早些时候,乔布斯已经宣布这次"脑移植"将于2006年6月开始。在1月10日,他对观众说,他想对之前的那个时间表做一下更新。演讲刚一开始,干冰制造的烟雾从舞台中央腾空而起,一个男人从烟雾中走出来,穿着著名的英特尔无菌微处理器生产车间的全身防护服。这个男人手里拿着一块圆形晶片,就是那种薄薄的、圆形的用来制作芯片的硅晶片。他走向乔布斯并和他握手。随着灯光再次亮起,观众认出他来了,很明显,身穿防护服的这个人不是别人,正是英特尔公司的首席执行官保罗·欧德宁(Paul Otellini)。

欧德宁把圆形晶片交给乔布斯时说道:"史蒂夫,我想(向大家)报告,英特尔公司已经准备好了。"乔布斯说:"苹果公司也准备好了。我们几个月前开始了合作,为的就是实现这一切。我们的团队在一起努力工作,为的就是让目标在创纪录的时间内达成。看到我们的工程师团结一致,工作进展顺利,真的让我感到不可思议。"欧德宁也肯定了苹果公司的团队。两个人谈

论了这项成就，再次握手，欧德宁离开了舞台。乔布斯随后转过身来面对观众，告诉大家，苹果公司推出第一台使用英特尔处理器的麦金塔电脑的时间将会提前，不再是原定的 6 月，而是今天。请看图 11–1。

图 11–1　乔布斯与欧德宁共享舞台

资料来源：Phtoto by Justin Sullivan/Getty Images

　　没有几家公司和创始人之间的联系比苹果公司和乔布斯之间的联系更为紧密的了。乔布斯本人毫不介意与雇员及合作伙伴共同分享舞台和镁光灯，他很乐意这样做。乔布斯的演讲很少是独角戏，他会引入配角，这些人对于讲故事来说很重要。

　　曾经与乔布斯同台的合作伙伴中，最让人意想不到的一个，是微软公司的创始人比尔·盖茨。1997 年，在波士顿的 Macworld 大会上，乔布斯（那时他刚刚返回苹果公司担任临时首席执行官）告诉观众，为了让苹果公司恢复元气，需要恢复一些之前中断的合作关系。他宣布微软公司的 IE 浏览器将成为麦金塔电脑上默认使用的浏览器，并且，微软公司将对苹果公司进行1.5亿美元的战略投资。他说完这些后，就通过卫星现场连线介绍了一位"特别嘉宾"。当比尔·盖茨出现在屏幕上时，你能听到一些欢呼声，同时伴随着很多嘘声。盖茨简短地讲了几分钟，客气地表达了他对苹果公司成就的仰慕。

乔布斯知道这时候台下有很多人不高兴，所以当他再次返回舞台时，他说的话听起来就像一位严父在教训自己的孩子。他请台下的观众支持苹果公司和微软公司之间的合作："如果我们想前进，再次看到苹果公司的繁荣，我们就得丢掉这样一个想法，那就是'苹果公司要想赢，微软公司就必须输'。如果我们搞砸了，那不是别人的错，而是我们的错……如果我们想要在麦金塔电脑上使用微软Office软件，我们最好对创造这套软件的公司表达我们的谢意。"

人们经常说伟大的演员懂得"付出"，他们愿意帮助同台的其他演员表演得更好。当乔布斯邀请另一个人——一位雇员，一个合作伙伴，或者一个以前的死敌，比如盖茨——走上舞台时，他就是最懂得付出的演员。为了整场演出的成功，每一个人都应该绽放自己的光芒。

大脑渴望多样性

人的大脑不会注意到那些无聊的东西。我并不是说乔布斯的演讲无聊，恰恰相反，他的演讲非常吸引人。但是，我们的大脑喜欢变化，渴望多样性。任何人，不管多么能说会道，多么风度翩翩，都不能长时间地吸引观众，他们很快就会开始看时间。伟大的演讲稿撰稿人在很多年前就已经明白这一点了，他们为约翰·肯尼迪、罗纳德·里根（Ronald Reagan）、巴拉克·奥巴马撰写的演讲稿时长都不超过20分钟。当然，乔布斯的演讲时长要长得多，接近一个半小时，但是乔布斯能让演讲保持趣味性：加入一些现场展示、视频片段，更重要的是，他会邀请嘉宾出场。

想想自己不知道什么

2008年10月，苹果公司推出了由一整块铝板加工而成的新一代

MacBook笔记本电脑。这一设计方面的突破使得苹果公司能够制造比之前更轻、更结实的笔记本电脑。乔布斯在发布会上说："我们来谈一谈笔记本电脑。我们想讨论一些新技术和新发现，这些技术和发现有助于我们用全新的方式制造笔记本电脑。"但是，乔布斯没有自己介绍这种新的制造方式，而是请上了乔尼·艾夫，艾夫是苹果公司分管设计的资深副总裁。

艾夫走上讲台，乔布斯下来就座。艾夫给观众讲授了时长为6分钟的笔记本电脑设计速成课。他向大家解释，苹果公司使用新的制造工艺，从一块2.5磅重的铝板开始，一步步切割，直到最后加工成一个只有0.25磅重的电脑外壳。拥有这种外壳的电脑更结实、更薄、更轻。乔布斯重新走上讲台，谢过艾夫，再次强调刚才的主题——"制造笔记本电脑的新方式"，这一部分的演讲就结束了。乔布斯也许会亲自过问苹果公司的方方面面，但是他知道自己不知道什么。乔布斯和其他演员分享舞台，这些演员为剧情增加了可信度，让整部剧更令人兴奋。

你的最佳销售工具

当苹果公司推出在线电影租赁服务时，乔布斯宣布了一个名单，名单上的电影公司都会把电影放在iTunes上供大家在线租赁。这份名单包含了所有重量级的电影公司：试金石（Touchstone）、索尼、环球、米高梅（MGM）、迪士尼等。不过，苹果公司仍然面临质疑，因为苹果公司是在向一个已经有了自视达（Blockbuster）和奈飞（Netflix）这样的强大竞争对手的领域推出电影租赁服务。苹果公司是在下注，赌人们更愿意在电脑、iPod、iPhone或连接着Apple TV的电视上看电影。乔布斯通过邀请苹果公司的一位关键合作伙伴上台，为这一大胆尝试增加了几分可信度。

乔布斯说："我们获得了所有主要电影厂商的支持。第一家和我们签约的厂商是20世纪福克斯公司，我们已经和福克斯公司建立了相当成熟的合作关系。我很高兴地向大家介绍20世纪福克斯公司的主席和首席执行官吉姆·加诺普罗斯（Jim Gianopulos）。"

激情四射的加诺普罗斯来到台上，与大家谈论人们想要的是什么：好电影；便捷的观看途径；便利的服务；对于看电影的地点、时间和方式的掌控；希望不管身在何处，都能随时看电影。他说："当乔布斯找到我们，跟我们说这个想法时，我们想都没想就同意了。这是我们听过的最让人兴奋、最酷的事情了。视频出租并不是新鲜事，但是在iPod出现之前也有音乐，在iPhone出现之前也有手机。苹果公司总是以一种符合直觉、具有洞察力和创新精神的方式做事。iTunes的电影租赁服务将改变传统的电影租赁模式，我们对此感到非常兴奋。对于和苹果公司的合作，我们无比兴奋和自豪。"

加诺普罗斯给乔布斯提供了一家公司可能拥有的最佳销售工具——消费者的认可。最棒的一点在于，两个人同时出现在观众面前。有人推荐是好事，而一个消费者或者合作伙伴本人真的出现在台上就更棒了。

人们购买的首要原因

你的顾客满脑子想的都是预算，永远如此。当经济环境恶劣时，更是如此，他们用吝啬的眼光看待口袋里的每一美元。潜在的顾客不愿意当你的产品测试员。你的产品必须能实现所有的承诺：帮助顾客省钱，或者帮他们赚钱，或者提供一种工具，让他们能更充分、更高效地利用已有的财富。顾客的好评和推荐很有说服力，就像我们之前讨论过的，口碑是影响购买决定的首要因素。

成功的公司都清楚，拥有一群对公司产品满意并且声誉好的消费者对于成功销售来说至关重要。事实上，有一些公司甚至专门安排员工负责收集案例，并且把这些案例散播到潜在顾客中。大多数小公司没有能力委任专门的案例研究专员，但是它们可以轻松学会世界上最成功的公司所使用的一些技巧。其中一个屡试不爽的策略就是从苹果公司那里偷学一招，让顾客也来分享镁光灯，让他们亲自登台，或者用视频的方式表达自己的看法。

别把媒体忘了，在舞台上提一提称赞过你的产品的出版物，能够强化你想传递的信息。乔布斯对媒体又爱又恨，但是，为了达成演讲的目的，他会在现场表达对媒体的爱。在2008年Macworld大会主题演讲的开头几

135

分钟，乔布斯宣布"花豹"操作系统在发布后的最初 90 天内已经卖出了 500 万份拷贝，是 OS X 系统历史上最成功的一个版本。他接下来又说了一些话，确保每一个人都知道"花豹"系统也得到了媒体的赞誉。他说："媒体对我们很好。'花豹'系统不但在商业上很成功，在媒体界也广受称赞。"乔布斯接着向大家朗读了一些在技术界具有重要影响力的人对"花豹"系统的评价，同时，他身后的幻灯片上也出现了这些话，以及刊载的媒体。

- "在我看来，'花豹'系统比 Vista 系统更好、更快。"——沃尔特·莫斯伯格，《华尔街日报》
- "'花豹'系统强大、精致、构思巧妙。"——戴维·博格，《纽约时报》
- "凭借'花豹'系统，苹果公司的操作系统在审美和技术上扩大了领先优势。"——埃德·贝格，《今日美国》
- "它是迄今为止面向大众消费者的最佳操作系统。"——埃德·门德尔松（Ed Mendelson），《个人电脑》（PC）杂志

最后一句引发了笑声。《个人电脑》杂志正面评价 Mac 电脑，这一点颇具讽刺意味，观众忍不住笑了。在乔布斯的演讲中，引用正面的产品评价是他的一种惯用手段。尽管美国人认为记者是最不可信任的群体之一（只比政客好一点儿），但是，顶尖媒体或博客的好评仍然有一些分量，能带给购买者一些信心，让他们相信自己做了一个英明的决定。

成功的公司在推出一款耀眼的新产品之前，通常已经请一些合作伙伴对其进行了测试。这些合作伙伴在测试后一般会同意公开给予好评，或者向媒体或有影响力的个人发送一些测评意见。这些安排使得公司在发布产品时可以马上引用现成的推荐或好评。你的顾客需要一个相信你的理由，而且他们想把使用新产品或新服务的风险最小化。让专家、顾客或合作伙伴来证明你的产品的好处，能够帮助顾客克服心理障碍、积极购买。

21 世纪的案例研究

　　案例研究仍然是一种重要的营销工具。大多数人都熟悉用纸质文件呈现的案例研究或者网站上登载的简单案例研究，但是随着制作以及线上推广视频和音频的费用逐渐降低，有一些创新的公司已经开始利用 YouTube 视频来传递顾客对于公司的认可信息了。买一台 200 美元的 Flip 牌录像机，制作一段低成本视频展现顾客对公司的认可，再放到 YouTube 网站上去，效果可以媲美精心制作的传统营销材料。把视频或音频形式的顾客推荐放在公司的网站上，并且在演讲中包含这些内容，就能让你讲述的故事显得更加真实、更加可信。

　　如果你是企业主或创业者，那么发展一批能够帮助公司宣传的顾客是非常重要的。事实上，一个愿意公开推荐公司的顾客要比其他顾客更加珍贵。寻找那些能够帮你赢得更多顾客的顾客，然后，给他们一个帮助公司宣传的理由。这很简单，你可以主动和这些顾客建立更深层次的关系，比如当他们有问题的时候，让他们能够直接找到你或者你的员工。其他可以向他们提供的好处包括：让他们能够直接接触产品团队，向他们提前透露新的设计或产品方案，或者提高整个公司对他们而言的透明度。

　　给你的合作伙伴一个参与营销的理由，一旦他们开始参与了，就可以请他们参与你的演讲。大多数消费者可能无法参加你的演讲，但你可以实施次优方案：在演讲中插入一段顾客推荐视频。这些手段可能没有保罗·欧德宁和乔布斯同台出现的影响力那么大，但是也能让你拥有领先竞争对手一步的优势。

及时给予肯定

雇员也能进入乔布斯演讲的"演员表"。2007年Macworld大会的主题演讲快结束时，乔布斯说："我想让大家见见研发了这些产品的我的同事们。所有为了今天的产品付出过的同事们，请大家站起来好吗？让我们为他们鼓掌吧！非常感谢你们！我们还要感谢我们的家人。在过去的6个月里，他们很少见到我们。没有家人的支持，我们就不能做好我们的事业。正因为他们的支持，我们才能这么漂亮地完成工作。当我们不能准时回家吃晚饭时，他们能够理解我们，为了赶上产品发布的日期，我们得一直待在实验室里工作。你们不知道我们有多么需要你们，多么感谢你们。所以，感谢大家！"

初学者常常会在演讲中只谈论自己和自己的产品。这样不好，别忘了给那些研发这些产品的人一点儿肯定。这能向顾客表明你是一个有品格的人，并且，通过公开表扬你的员工或同事，你也能激励他们更努力地为你工作。

最后，乔布斯还经常在演讲中提到他的观众和顾客，并感谢他们。他在2008年Macworld大会上以对前一年的回顾作为开场白："我想花一点儿时间说一句'谢谢你们'。我们得到了所有顾客的大力支持，我们真的非常感谢大家，为非凡的2007年感谢大家！"乔布斯和他的观众建立了友好的关系，通过真诚地感谢那些最重要的人——制造产品的人和购买产品的人。

乔布斯甚至能把另一个自己请上舞台！

乔布斯是唯一一个能把另一个自己请上舞台的人。1999年，出演过《急诊室的故事》(*Emergency Room*)的演员诺亚·怀尔（Noah Wyle）脱下了他的白大褂，换上了蓝色牛仔裤，在《硅谷海盗》(*Pirates of Silicon Valley*)中扮演乔布斯。在1999年纽约的Macworld大会上，苹果公司跟大家玩了一个恶作剧：怀尔出现在讲台上，假冒乔布斯开始进行主题演讲。对于座位比较靠后的人来说，他看起来就像乔布斯本人——身穿蓝色牛仔裤、黑色的半高圆领衫，还有跑鞋。他的一举手一投足都像极了乔布斯，说话时还使用了乔布斯的那些著名短语："这将是一次非常成功的Macworld大会。这里正在发生着一件事——苹果公司的复兴。今天你们将看到一些伟大的新产品，一些棒极了的新产品，一些好得难以想象、好得疯狂、好得不得了的新产品！"当真的乔布斯出现的时候，观众们疯狂了。

乔布斯和怀尔不亦乐乎地玩了好一会儿，他对怀尔说他模仿得一点儿都不像，他还给怀尔演示了如果想要模仿得好，就应该怎么演、怎么说话、怎么走路。

乔布斯对观众说："我把怀尔请来是为了看看我在台上是什么样子，因为他是一个比我更好的我。"

怀尔说："谢谢你。你没有生那部电影的气，我就已经很高兴了。"

乔布斯说："什么？我不高兴？只是一部电影而已。但是如果可以的话，帮我在《急诊室的故事》里弄一个角色演演。"

这段对话让观众非常开心，也体现了乔布斯拿自己开玩笑的精神。我到现在都没有见过第二个演讲者能把"自己"请上舞台。

导演手记

- 在推出新产品或新服务之前，确保已经有顾客测试过产品或服务，并且能够帮你证明宣传资料的真实性。媒体的测评意见也很有帮助，尤其是那些备受尊敬的出版物或博客。

- 在演讲中加入消费者的好评。最简单的方式就是录一段顾客谈论你的产品的视频，然后把它放入演讲中。

- 向员工、合作伙伴和顾客公开致谢，而且要经常这么做。

■ 第 12 场 | 用道具辅助演讲

> 乔布斯已经把他的Macworld主题演讲变成了重大的媒体事件。
> ——利安德·卡尼

行业观察家认为，苹果公司以其2008年10月14日发布的MacBook系列电脑重新定义了笔记本电脑。就像前面我们讲过的，乔布斯当时请来苹果公司设计师乔尼·艾夫解释了制造电脑的过程。新的MacBook使用了一个由整块铝板加工而成的框架。这听起来没什么大不了的，但是却代表了一项工程成就：用这种技术制造的笔记本电脑比前一代电脑更轻、更薄、更结实，并且看起来要酷得多。在10月的这场演讲进行到第25分钟时，乔布斯开始谈论这种新的铝制框架。他本可以简单说两句，再展示一两张照片，但是乔布斯就是乔布斯，他做的远不只是这些。他让台下的观众（主要是分析师和记者）亲眼看到、亲手摸到这些框架，把演讲变成了一种感官体验。

乔布斯说："一体成型外壳就是这个样子的，特别漂亮。"此时他手里拿着一个这样的框架。

"这是一种远比之前坚硬、结实的构造。非常酷。我想让你们亲眼看一看。我们把灯打开，我想把一些框架发给在座的各位传看，这样你们就知道它到底有多么漂亮、多么先进了。"

这时，之前已经在每排座位的一侧就位的苹果公司的代表们向观众分发了一些铝制框架的样本，每排一个，大家轮流传看。大家在亲身触摸、感受这些框架的时候，乔布斯开玩笑说："我们还要收回来的。"大家都笑了。在接下来的60秒内，乔布斯一个字都没说，他让产品自己说话。

然后，乔布斯就像约翰·马登（John Madden）①附体一样，在观众继续观察这些铝制框架的同时做起了分析和解说："研究这项技术的团队有好几百人，他们为了搞清楚如何设计和以较低成本制造这种部件苦干了很多个月。这是一种工程制造领域的特技。"

在接下来的30秒里，乔布斯没有说话，直到每个观众都看过铝制框架。然后他说："好了，这就是精密一体成型外壳。你们是第一批亲手摸过它们的人。"就这样，他结束了这一部分的演讲，接着谈论新发布的笔记本电脑的下一个新特性。借助道具，乔布斯把可能非常无聊的解释变成了有趣的多感官体验。

川崎策略

乔布斯在每一场演讲中都会引入舞台道具，通常是在现场演示的时候。在《麦金塔风范》(The Macintosh Way) 这本书中，盖伊·川崎指出，沟通大师都擅长现场演示。"合适的现场演示并不需要花很多钱，却能够抵消你的竞争对手的营销和广告效果。一次好的现场演示能让观众了解你的产品以及拥有你的产品能够带来的好处，还能激励他们行动起来。"川崎描述了优秀的现场演示的五个特点。根据川崎的说法，好的演示应该是这样的：

- **短**。好的演示不会让观众疲劳不堪、无精打采。
- **简单**。好的演示简单，观众很容易跟上演讲者的思路。"好的演示只能传递一两个关键信息。其目标是展示足够的信息，让他们心动，但是又不能太多，那样他们会很困惑。"
- **美妙**。好的演示"能够展示最重要的特性，能够把你和竞争对手

---

① 约翰·马登，美国家喻户晓的体育节目特邀评论员。——译者注

第12场 | 用道具辅助演讲

区分开来"。还要记住："你得展示真正实用的功能。要不然你可以想象，每次展示一个特性，都会有人在下面喊'那又怎么样'。"

- **迅速**。好的演示节奏很快。"在演示中做任何一件事都不要超过15秒。"

- **充实**。好的演示要清楚地展示出你的产品确实能够解决你的观众所面对的一个实实在在的问题。"顾客想用你的产品做事，所以他们想知道你的产品是不是真的管用。"

就像我们在第9场讲过的，乔布斯在2008年10月苹果公司全球开发者大会上推出iPhone 3G的演讲，符合川崎所说的优秀现场演示的所有要素。乔布斯在那次演讲中说过的话位于表12-1的左边一栏，右边一栏描述了对应的幻灯片。

表12-1 乔布斯在2008年苹果全球开发者大会上的精彩现场演示

乔布斯的演讲词	乔布斯的幻灯片
"你们为什么需要3G网络呢？嗯，你们可以用它更快地下载数据。当你在使用浏览器或者下载电子邮件附件的时候，更需要快速的数据下载。"	两个图标图片：一个代表互联网，一个代表电子邮件
"让我们来看看浏览器应用。我们拿了一部iPhone 3G手机，在同一位置，分别用EDGE网络和3G网络加载同一个网站。"	两部iPhone同时加载国家地理网站的动态画面：左边的iPhone使用的是EDGE网络，右边的iPhone使用的是3G网络
"让我们看看整个过程。"（在加载网站的过程中，乔布斯一直没有说话。这家网站上有很多图片，页面很复杂。）	两部iPhone分别开始加载网站
"3G网络用了21秒，（又安静地等待了30多秒，把手交叉放在身前，微笑地看着观众，观众笑了起来。）EDGE网络用了59秒。同样的手机，同样的位置，3G网络的速度是EDGE网络的2.8倍。这已经接近了Wi-Fi的速度，快得惊人！"	使用3G网络的手机已经加载完毕，使用EDGE网络的手机仍然在加载

在解说3G网络的优势时，乔布斯用了一个非常简短的现场演示，符合

143

乔布斯的魔力演讲
The Presentation Secrets of Steve Jobs

川崎定义的优秀演示的所有特征。

- **短**。这段对比 EDGE 网络和 3G 网络的演示时长不到两分钟。
- **简单**。乔布斯现场演示的是用同一部手机，分别运行 EDGE 网络和 3G 网络加载同一个网站的过程。还有什么比这个更简单的呢？这次演示就是这么简单。
- **美妙**。乔布斯让 3G 网络与其主要的竞争对手 EDGE 网络正面交锋（观众充分体会了 3G 网络的优势）。
- **迅速**。在演示过程中，每到关键时刻，乔布斯都保持沉默，这样就让演示有了一些戏剧性。
- **充实**。这个演示解决了一个现实问题：等待图片丰富的网站加载需要很长一段时间，让人痛苦不堪。

创造历史的产品演示

在乔布斯的每一场演讲中，现场演示和道具都扮演了较为重要的角色，但是有一些产品演示比其他的更具有创历史性的意义。乔布斯在 2007 年 Macworld 大会演讲开场的时候说："今天我们即将创造历史。"他创造的历史就是推出 iPhone。

乔布斯说："我们希望重塑手机。我想向大家演示 4 种功能，即打电话、拍照、日历和文本短信，它们是你在手机上经常使用的功能。但是我准备以非典型的方式做展示，让我们来看一看吧。"乔布斯像每次演讲一样，走到舞台的右侧（观众的左侧）进行演示，让观众能够看清楚大屏幕。

"你们看见左下角的电话图标了吗？我只要按一下，电话就出来了。我怎样才能浏览通讯录呢？只要上下滑动就可以。比如说我想打电话给乔尼·艾夫，我只需要点一下这里，我就看到了乔尼·艾夫的联系方式，所有信息都在这里。如果我想打电话给他，我只需要点一下他的电话号码。我这就给他打个电话。"电话铃声响起，艾夫接起了电话向乔布斯打了声招呼。

乔布斯接着说："已经两年半了，我没办法向你描述我第一次使用iPhone公开打电话的心情有多么激动。"就在演示进行到这里时，苹果公司的营销副总裁菲尔·席勒打进了电话。乔布斯先保留了和艾夫的通话，再接听席勒的电话，然后又和两个人同时进行三方会议式通话，以此向大家展示一键电话会议功能。乔布斯接下来进行了短信功能的展示，最后他展示了iPhone自带的照片管理功能。"我们有了史上最酷的照片管理软件，当然是在移动设备上的，但我想就算把所有设备都算在内，它也是最酷的。"他还向大家炫耀了iPhone图片库的功能：用手指浏览、移动、扩大或缩小照片等。他说："很酷，难道不是非常酷吗？"乔布斯看起来是发自内心地对这些功能感到激动和兴奋，而且，就像他在以往演示产品时表现的那样，他看起来像是一个走进糖果店里的开心的孩子。

在演示中找点儿乐趣

别忘了在演示时找点儿乐趣，乔布斯在这方面就很擅长。他在iPhone的演示接近尾声的时候，向大家展示了如何在这部电话上使用Google地图。他搜索了旧金山西莫斯克尼会议中心附近的星巴克，iPhone上出现了一个星巴克门店的列表，乔布斯说："我们给他们打个电话吧。"一名星巴克的店员接了电话："早上好，这里是星巴克。需要帮忙吗？"

乔布斯回答说："嗯！我要点4 000杯拿铁咖啡。不，我开玩笑的。打错了，再见！"这段对话把大家都逗乐了。乔布斯真的在现场演示的时候给星巴克打了一个恶作剧电话！他在秀这些新产品的时候玩得如此高兴，以至于他的热情深深感染了在场的每一个人。正是因为他自己乐在其中，人们才乐意看他的演示。

乔布斯的魔力演讲
The Presentation Secrets of Steve Jobs

一位擅长使用道具的意大利电视主持人

我一直在寻找那些像乔布斯一样突破传统，创造各种令人激动的演讲方式，以吸引观众的沟通专家。我很少见到有谁比一位名叫马可·蒙泰马尼奥（Marco Montemagno）的年轻意大利创业者和电视主持人使用的道具还多。

蒙泰马尼奥经常谈论互联网文化的话题，向意大利人展示为什么应该欢迎网络而不是害怕网络。他在罗马、米兰、威尼斯向3 000多名观众做演讲。因为他的大多数观众都是刚接触网络的人，所以他说的都是大家能听懂的话（假如你懂意大利语）。他的幻灯片非常简单直观，很多时候，他只用照片、动画和视频。但是蒙泰马尼奥和大多数演讲者的真正区别在于，他使用的道具的数量和现场演示的次数多得惊人。以下是他在创造"欢呼时刻"时常走的三条路线：

1. **让你的观众配合行动**。蒙泰马尼奥的观众在落座之前都会拿到一张纸和一支笔。在演讲的过程中，他请大家面向旁边的人，花30秒时间给他们画肖像。画完后，他让大家把自己最喜欢的歌、电影的名字等写在纸上，然后传给别人，一直传，直到每张纸都转手5次以上。最终，每个人都带回家一张曾经属于别人的纸。这个练习的目的是向大家演示在网络上信息是如何传递的。

2. **请人和你同台**。在他的演讲中，蒙泰马尼奥会请一些自愿合作的观众和他同台。在一次这样的活动中，他请他们叠一件T恤。大多数人都会用常见的方法，花20秒钟把T恤叠好。当大家都叠好后，他给大家放了一段在YouTube上流行的视频，有个人在视频中展示如何在5秒内把T恤叠好。蒙泰马尼奥随后也照着视频上的演示做了一遍，观众鼓掌欢呼。他想说的是，互联网既可以在很高深的学术层面上帮助我们学习,也可以让最普通的家务劳动变得更加简单。

3. 在舞台上施展你的技能。蒙泰马尼奥以前是拥有世界排名的职业乒乓球选手,他把运动技能也用在了演讲中。他邀请另外一个职业运动员上台,两个人不费吹灰之力地把乒乓球飞快地打来打去,他一边打,一边用随身佩带的无线麦克风跟大家讲话,把乒乓球和互联网做比较。

乔布斯已经把演讲上升到了艺术的高度,但是我们当中几乎没有人有机会发布一款能像一台新电脑那样改变世界的产品。这一事实让我们更有理由去寻找新的、刺激性的方式去吸引你的观众。

乔布斯在2005年10月12日介绍Photo Booth软件时,自拍了一些搞怪的照片,这是另一个在演示中寻找乐趣的典型例子。Photo Booth是一种使用网络摄像头拍摄照片和视频的应用程序。

乔布斯说:"现在我想给大家展示一下Photo Booth软件的功能。这可是找乐子的绝佳方式,我可以先自拍一张。"乔布斯对着内置的网络摄像头微笑着摆好姿势,几秒后屏幕一闪,照片就拍好了,显示在大屏幕上。他说:"是不是很棒?让我给你们看一些特别酷的特效。"然后,他用一些程序自带的特效,比如红外效果、X光效果和安迪·沃霍尔效果等,给自己拍了一些搞笑的照片。随后乔布斯摩拳擦掌地说:"还有更好的呢!我们决定在软件里放入更多效果。"只见这个软件把他的脸扭曲成各种样子——挤压、拉伸、旋转等。乔布斯拍了许多搞怪的照片,他玩得不亦乐乎,观众也非常开心,鼓掌欢呼。

关注一件事

每一款苹果的新产品或应用程序都包含数不清的好处和特性,但是乔布斯通常只突出一个。你可以把这想成一个电影预告片,只透露最精彩的部分剧情，吊足观众的胃口。如果你想要完整的体验，就得去买电影票观看才行。

在2007年10月苹果公司的全球开发者大会上，乔布斯在主题演讲的大部分时间里都在讨论"花豹"版的OS X操作系统，但是，就像他惯常的做法一样，他还为观众准备了"另一件事"。这次，乔布斯向大家介绍了Windows版的Safari浏览器——"世界上最创新的浏览器，当前Windows上最快的浏览器"。在告诉观众他想给大家展示一下新版浏览器后，他走向了舞台的右侧，坐在一台电脑前面，开始演示。他告诉观众，他真正想展示的是Safari浏览器相对于IE浏览器（IE 7）的速度。

演示时，大屏幕上并排出现了两个浏览器，乔布斯在两个浏览器上同时加载了一系列网站。Safari用时6.64秒完成了任务，而IE7用时13.56秒才完成了相同的任务。乔布斯总结道："Safari是Windows平台上最快的浏览器。"整个演示用时不到3分钟，因为乔布斯关注且只关注了一个特性，这样就不会超出观众的承受能力，让他们觉得不耐烦。就像他不断精简幻灯片的内容一样，他的现场演示也同样没有多余的信息。

2006年，苹果为GarageBand软件添加了播客制作功能，这种工具绑定在iLife软件套装里，目的是让用户能够更加轻松地创作、发布多媒体内容。乔布斯说："我们为GarageBand软件添加了很多很棒的功能，但是我今天只向大家说一件事，那就是我们为GarageBand添加了一个播客工作室。我们认为GarageBand会成为世界上制作播客的最佳工具。它很棒，让我给大家演示一下。"

乔布斯走向讲台的右侧，坐下，用三个步骤制作了一段简短的播客。首先，他录了一段话，录得非常高兴。他甚至在第一次录制时不得不停下来重新开始，因为观众把他逗得大笑，没法继续了。乔布斯录的那段话是这样的："大家好，我是史蒂夫。欢迎大家收听我的每周播客——'超隐秘苹果传言'，专门播出关于我们最喜爱的公司的最劲爆传闻。我在苹果公司内部有一些很好的消息来源，以下就是我听到的：下一代iPod会是一个超大的、8磅重的家伙，有一个10英寸那么大的屏幕！（还有，苹果公司正在和其他公司合作，要让iPod遍布全球。）这就是今天的全部内容。下周见！"

录完了这段有趣的录音，乔布斯又逐步演示了后两个步骤：如何添加播客配图和背景音乐。所有这一切都做完了之后，他播放了这段播客，说道："很酷吧？这就是播客工作室功能，现在已经内置于GarageBand当中。"

为在线会议增添一抹亮色

思科公司收购了网讯公司（WebEx），后者是一家在线会议服务提供商。在网讯以及其他类似的软件平台上，平均每分钟要召开70次网络会议（据思科公司的统计）。现今流行的"网络研讨会"和协作工具，包括网讯公司、思杰系统有限公司的GoToMeeting会议软件，Adobe公司的Connect网络会议软件和微软Office Live会议软件，能够让你在演示中突出一些高科技的亮点。比如，你可以发起一个投票，即时收到反馈。销售专员可以在电脑上进行现场演示：直接在屏幕上画线、高亮突出或者指向某一个区域。更棒的是，这些销售专员还可以把鼠标控制权交给客户或者潜在客户，让另一边的顾客观看、触摸、"感觉"这款产品。在任何演讲中，不管是线上的还是现场的，演示都是重要的手段。

尽管乔布斯对于播客制作功能的演示无可挑剔，但是这和2004年GarageBand第一次推出时的现场演示根本不能相提并论，"今天我们要推出一个超酷的东西：iLife家族的第5个软件，叫作GarageBand。GarageBand是什么？它是一款全新的重量级专业音乐工具。尽管专业，却是每一个人都能操作的。我不会演奏，所以为了帮助我演示GarageBand，我请了一位朋友、流行歌手约翰·梅尔（John Mayer）来帮忙"。乔布斯坐在了一台电脑前面，梅尔则坐在了一台连接到电脑的电子键盘前。随着梅尔的演奏，乔布斯在电脑上操作，声音听起来像是贝斯、管风琴、吉他以及其他乐器发出的声音。然后乔布斯又弄了几条音轨，制造出乐队演奏的效果。他很注意在操作每一步的同时向观众做出解释，这样观众就能看到用这款软件打造音乐工作室一般的体验是多么容易了。

乔布斯肯定已经在台下排练好几个小时了，因为他看起来就像个专业音乐家。但是，乔布斯知道他欠缺什么。有些时候，比如在演示GarageBand的情况下，请一个专业人士直接和目标客户群对话更佳。

> **仅次于约翰·梅尔的选择**
>
> 当然，你肯定不能说服约翰·梅尔在你的下一场活动中做表演，但是，你也一定要想一些能够打动目标客户的创新方式。我看过一个创业者在旧金山向风险投资家推销自己的网络服务的演讲。这项服务瞄准的是十几岁青少年的市场，所以没有道理让一个40多岁的创业者来进行演示。于是这位创始人在介绍完公司情况后把演示交给了两个十几岁的小孩子（一个男孩和一个女孩），他们俩谈论了这家网站的使用体验，以及他们喜爱这个网站的原因。这个演示与众不同，很吸引人，也非常成功。

惊喜元素

乔布斯宣布放弃使用PowerPC芯片而改用英特尔处理器的决定时，开发者们被吓了一跳，虽然关于这次转变坊间早有传言，但是大部分人并没有信以为真。在2005年苹果公司全球开发者大会上，乔布斯宣布了这个决定，并且承认主要的挑战之一，就是确保OS X操作系统能在英特尔的芯片上高效率地运行。他和观众开玩笑说，OS X操作系统在过去5年都过着"双重生活"。一直以来，苹果公司都在秘密开发两种OS X版本，能够分别在PowerPC和英特尔平台上运行，"就是为了以防万一"。这样做的结果就是，乔布斯说，Mac OS X"正在英特尔处理器上歌唱"。

然后，他突然对观众说道："事实上，我一直都在使用的这套计算机系统……"他故意把话说了一半，脸上露出狡黠的微笑，当观众领会到这台电脑是在新的英特尔系统上运行时，也开心地笑了。乔布斯一边走向舞台一侧，一边说："让我们来看一眼。"他坐下来，开始用电脑处理常见的任务，日历、电子邮件、照片、上网、看电影等，这台电脑加载、运行得很快，毫不费力。两分钟的演示结束时，他说道："这就是Mac OS X操作系统在英特尔上运行的情况。"

与三种类型的学习者沟通

现场做产品演示可以帮助演讲者与现场的三个类型的学习者进行沟通，即视觉型、听觉型和触觉型。

- **视觉型学习者。**我们中40%的人属于视觉型学习者，也就是依靠观察进行学习。这一群体能够记住高度视觉化的信息。为了让视觉型学习者记住你所说的信息，一定要避免在屏幕上显示太多文字。要制作没有几个字但是有很多图片的幻灯片，记住，人们更容易根据那些能够触动他们的信息采取行动，如果他们连信息是什么都记不住的话，就根本不可能被触动，视觉型学习者只有通过观察，才能被信息触动。

- **听觉型学习者。**这些人通过听来学习。你的观众里有20%~30%的人属于听觉型学习者。本书第三幕听讲的语言和修辞技巧适用于听觉型学习者。可以讲一些个人的故事，或者用活灵活现的例子来使你的关键信息更容易为人们所记住。

- **触觉型学习者。**这些人通过做、动和摸来学习。简单来说，他们是"动手"型学习者。如果让他们长时间听讲，他们就会感到非常无聊。所以，要在演讲中加入一些活动来吸引触觉型学习者，比如像乔布斯展示铝制框架那样让他们传看一些东西，让他们写点什么东西，或者让他们参与产品演示。

首席执行官的好搭档

思科公司的吉姆·格拉布（Jim Grubb）是首席执行官约翰·钱伯斯的舞台搭档。格拉布的职位是首席演示官。钱伯斯的几乎每一次演讲都有现场演示部分，在他每年60多次的演讲活动中，格拉布都是协助钱伯斯进行现场演示的不二人选。思科公司会在舞台上模拟一个场景，家具和各种道具样样俱全：可能是一间办公室、一家零售店或者普通家庭的一个房间。在2009年拉斯韦加斯的消费电子展会上的一次现场演示中，钱伯斯和格拉布呼叫了一位远在千万里之外的医生，并且使用思科的网真技术——这种技术会让你在进行远程视频通信时感觉就像面对面一样，通过网络让医生给他们做了一次健康检查。

钱伯斯喜欢调侃格拉布，比如他会这样说，"吉姆你紧张吗？你看起来有些紧张"或者"你要是搞砸了也没什么，我只是会炒你鱿鱼而已"。两个人之间的大多数笑话都是事先安排好的，但是仍然很好玩。格拉布被老板调侃时只是一笑置之，然后继续进行演示，他是一个大大咧咧的人。格拉布在大学期间学习的是音乐和戏剧，你看他在舞台上的表现就知道他受过训练。尽管演示看起来很轻松，但是他和他的团队要在实验室中测试、练习无数个小时，这不但是为了把复杂的网络技术问题简单化，让人们能在15分钟的演示中看明白，还为了确保整个演示能够顺利进行，这样他的老板才不会生气！

2007年iPhone的发布也为乔布斯提供了一个令人难忘的道具。他用iPhone播放了红辣椒乐队的一首歌，以此向观众展示怎样用iPhone欣赏自己最喜欢的歌曲。一个电话打进来，音乐中断，苹果公司负责市场的副总裁菲尔·席勒的照片出现在屏幕上。乔布斯接起了电话，开始和站在观众席中拿着另一部手机的席勒通话。席勒向乔布斯要一张照片，乔布斯找到那张照片后，用电子邮件发了出去，电话挂断，音乐重新响起。乔布斯是一个演员，会加入适当的戏剧元素，让产品的特性被展示得活灵活现。

> **导演手记**
>
> - 在演讲的策划阶段就开始构思现场演示的环节。演示要精简、美妙、充实。如果你能让团队的另一个成员参加演示，就更好了。
>
> - 认真投入现场演示。喜剧演员说，只有投入时笑话才好笑。同样，你也应该全身心投入演示中，如果你的产品有那么一点点娱乐价值的话，尤其应该如此。要享受演示。
>
> - 为观众里的每一种类型的学习者准备点儿东西。视觉型的、听觉型的和触觉型的学习者，都要考虑到。

第 13 场 | 创造让观众"欢呼"的时刻

> 人们会忘记你说过的话，人们会忘记你做过的事，但是人们永远不会忘记你带给他们的感觉。
>
> ——马娅·安杰卢（Maya Angelou）

每一个在办公室工作的人都见过文件袋。大多数人会认为文件袋就是用来装档案的，而乔布斯却想到了用这种普通的文件袋制造一个让他的观众惊叹不已的难忘时刻。

他在 2008 年 1 月的时候对大家说："这就是 MacBook Air，特别薄，以至于能够装进一个你在办公室随处都能见到的文件袋里。"接着，他走到舞台的一侧，拿起一个文件袋，从里面拿出了一台笔记本电脑。观众为之疯狂，照相机的快门声和闪光灯填满了整个演讲大厅。就像一个骄傲的父亲炫耀刚出生的孩子一样，乔布斯把这台电脑端到齐肩的高度上，好让大家都能看到。他说："你能感受到它有多薄，它具有全尺寸键盘和全尺寸显示屏。是不是不可思议？它是世界上最薄的笔记本电脑。"

乔布斯把电脑从文件袋里拿出来那个瞬间的照片，是整场活动所有照片里最受欢迎的一张，主流的报纸、杂志和网站都刊载了这张照片。这一戏剧化的发布方式甚至启发一位创业者制造了一款 MacBook Air 的保护套，样子就像——你猜对了——一个文件袋。请看图13-1。

图 13-1　乔布斯展示 MacBook Air

资料来源：Tony Avelar/AFP/Getty Images

当乔布斯从那个文件袋里把 MacBook Air 轻轻拿出来时，你能听到演讲厅里观众喘息的声音。观众席里的大多数人心里都在想："天哪！好薄！"美国广播公司的新闻宣称："MacBook Air 有潜力重新塑造笔记本电脑行业。这款笔记本电脑能够装进一个标准的办公室文件袋里，乔布斯正是用这种方式向大家展示了 MacBook Air，让它成为这届大会上最耀眼的明星。"这次发布活动是从一开始就策划好的。在乔布斯的现场表演开始之前，新闻稿就已经写好了，网站上的图片也已经做好了，广告也已经拍好了（这则广告表现的就是一只手从文件袋里把这款笔记本电脑拿出来）。这一让人惊叹的瞬间是事先策划好的，就是为了激起观众情绪上的反应。演讲就是演戏。

把产品发布提升到艺术的高度

2009年1月24日，麦金塔电脑迎来它的25周年纪念日。麦金塔电脑在20世纪80年代重塑了电脑行业，一台有鼠标和图形操作界面的电脑是对于之前占据主导地位的命令行界面的颠覆性革新，而且麦金塔电脑比那时IBM的所有产品都要好用得多。麦金塔电脑的发布活动是当时最"蛊惑人心"的产品发布活动之一，是在25年前苹果公司股东大会召开期间举行的，地点是在迪安萨学院的燧石中心，位于苹果公司总部园区附近。现场的2 571个座位上坐满了雇员、分析师、股东和媒体代表，全都对它充满期待。

乔布斯（身穿灰色裤子，双排扣西装上衣，打着领结）以一句他最喜欢的音乐人鲍勃·迪伦的名言开场。在描述了新款电脑的特性之后，乔布斯说："所有这些性能都被装进了一个只有IBM PC机1/3大小和重量的外壳之中。你们已经见过了麦金塔电脑的照片，现在我想让大家看看麦金塔本尊。你们即将在大屏幕上见到的所有画面都是由那个袋子中的东西生成的。"他指向舞台中央的一个帆布袋，停顿一下后，走向舞台中央，把麦金塔电脑从那个袋子中取了出来，接上电源，插入一张软盘，然后站在旁边。灯光暗了下来，范吉利斯（Vangelis）为电影《烈火战车》（Chariots of Fire）创作的主题曲响起，一系列画面在屏幕上依次出现（MacWrite和MacPaint两个麦金塔电脑自带的免费软件的截图）。音乐慢慢停止，乔布斯说："关于麦金塔电脑，我们最近已经谈论得很多了，今天，我想让麦金塔自己说话。"接着，麦金塔电脑就开始发生一种数字化的声音：

> 大家好，我是麦金塔。从那个袋子里走出来的感觉真是太好了。尽管我还不太习惯在公开场合讲话，但我想跟大家分享一句我第一次见到一台IBM电脑时想到的格言：永远不要信任一台你拿不动的电脑。显然，我现在能说话了，但我还是愿意坐在后面倾听。所以，我要无比荣幸地向大家介绍一个对于我来讲就像父亲的人：史蒂夫·乔布斯。

人群疯狂了，他们起立、鼓掌、欢呼。

让麦金塔自己说话，对于获得关注和曝光率来说是一个极其聪明的创意。25年之后，发布会上那一段麦金塔说话的视频在YouTube上被人们反复观看了50万次。乔布斯制造了一个令人难忘的时刻，让人们谈论了几十年。那是一场真正精彩绝伦的表演。

乔布斯的魔力演讲
The Presentation Secrets of Steve Jobs

唯一的主题

　　制造难忘瞬间的秘诀是搞清楚你想让观众离场后记住的是哪一件事情，那就是唯一的主题。听你演讲的人应该不需要复习笔记、幻灯片或者演讲稿就能够想起那一件事情。他们会忘记很多细节，但是他们100%会记住自己的感觉。想一想，苹果公司希望你了解的关于MacBook Air的那一件事是什么？答案是：它是世界上最薄的笔记本电脑。一个消费者可以通过浏览网站或者去苹果公司专卖店来了解更多。演讲的目的是创造一种体验，赋予描述产品的标题以生命力，让演讲者能够和听众建立一种情感上的联系。

　　关于第一款iPod，乔布斯想传递的关键信息是：它能把1 000首歌装进你的口袋。这条信息很简洁，并且在演讲、媒体发布稿和苹果公司的网站上一以贯之。但是，直到2001年10月，乔布斯在演讲中赋予它生命之前，那只是一个标题而已。

　　一个剧作家会早早地开始铺垫，然后逐渐展开戏剧的情节，乔布斯也一样，他不会一上来就把包袱抖出来。乔布斯先是在舞台上把iPod介绍给大家，然后一点点透露信息，直到最后，他才说："iPod的最大特点是能够存储1 000首歌。"

　　"把你的整个曲库随时带在身边是听音乐的巨大飞跃。（一个能存储1 000首歌的设备在那时候并非独一无二，但接下来要说的才是大新闻。）但是关于iPod最酷的事情是，你的整个曲库都能装进你的口袋。它超便携，只有一副扑克牌那么大。"乔布斯的幻灯片上出现了一副扑克牌的照片。"它2.4英寸宽，4英寸高，厚度只有0.75英寸多一点。这真的很小。它的重量也不到0.19千克，比你们大家口袋里的手机还轻。这就是iPod非凡的地方。它超级轻薄，这就是它的样子。"乔布斯展示了一系列照片，但是此时他还没有展示真机。"事实上，我的口袋里恰好有一款！"乔布斯这才从口袋里掏出一部iPod来，高高举起，观众席中响起了掌声。这是乔布斯故意摆出来给大家拍照的姿势。他最后总结道："这么一款超棒的小设备，能把1 000首歌直接装进你的口袋里。"

大脑即时贴

科学家约翰·梅迪纳写道:"大脑不会注意那些无聊的事情。"但是,梅迪纳又解释道:"它的确会注意到那些能引起情绪波动的事。杏仁核里充满了神经递质多巴胺……当大脑探测到引起情绪波动的事件时,杏仁核就会释放多巴胺。由于多巴胺能够在很大程度上协助记忆和信息处理,所以你可以认为此时大脑里贴上了一张即时贴,上面写着'记住这个!'"

根据梅迪纳的研究,如果你能让大脑就一个观点或一条信息写一张"化学即时贴",那么这个观点或信息就能被更加细致地处理,从而更容易被记住。你可以想象,这个概念不但适用于商人,还适用于老师和家长!

《纽约时报》的标题是这么写的:"把 1 000 首歌装进你的口袋。"这个标题如此完美,实际上,这个标题就是乔布斯说的!不但如此,他还制造了一个充分调动大家情绪的事件,把这个标题植入了听众大脑的额叶皮层。

制造惊喜

乔布斯于 1997 年返回苹果公司担任临时首席执行官,两年半后,他去掉了头衔中的"临时"二字,但是他并没有简简单单地通过发新闻稿宣布这一消息。大多数首席执行官可能会这样做,但乔布斯没有,他借由此事制造了一种体验。

在 2000 年 1 月 5 日那次两小时演讲的最后,乔布斯说:"还有另一件事。"但他并没有马上把新闻说出来,他在吊大家的胃口。乔布斯先是感谢了苹果公司里研究互联网战略的员工(在前面的演讲中谈过),请他们站起来接受大家的鼓掌致意。然后,他又公开感谢了与苹果公司合作的制图和广告机构。之后，他宣布了那条新闻。

"在这两年半的时间里，苹果公司的每一个人都在加倍努力地工作。在这段时间里，我是临时首席执行官。我在皮克斯公司有另一份工作，我爱这份工作。我希望两年后的今天，我们已经能够向皮克斯公司和苹果公司的股东证明，也许我们能把'临时'这件事放在一边了。我在皮克斯公司和苹果公司的任何职责都不会改变，但是我很高兴地宣布，我将丢掉头衔里'临时'这两个字了。"观众们完全疯了，人们从座位上跳起来，鼓掌、欢呼、吹口哨。乔布斯有些不好意思了，清楚地向大家表明苹果公司的复兴不能全归功于他。"你们这样让我感觉怪怪的，因为我每天上班都会和这个星球上最有天赋的人一起工作。我代表苹果公司的全体员工接受大家的谢意。"

改变一切的革命性产品

2007年Macworld大会主题演讲进入第26分钟时，乔布斯结束了对Apple TV的讨论。他喝了一大口水，慢慢踱步到舞台中央，沉默了12秒。然后，他讲了一个故事，开启了商业史上最伟大的产品发布会之一。我们已经讨论过这次演讲的几个元素，包括他对标题的使用和"事不过三"原则。这次，我们来研究一下这部分演讲中的一个较长的片段。你能从表13-1中发现，乔布斯不紧不慢地逐步揭开了这个震动了整个行业、改变了无数人上网方式的重大新闻。

表13-1 乔布斯在2007年Macworld大会上的主题演讲节选

乔布斯的演讲词	乔布斯的幻灯片
"对于今天的到来，我已经盼望了整整两年半。每过一段时间，就会有一个革命性的产品出现，改变一切。一个人如果能够在其职业生涯中为这样的一种产品工作过，他已经很幸运了。苹果公司非常幸运，它不断地向世界推出一些这样的产品。"	苹果公司的标志

第13场 | 创造让观众"欢呼"的时刻

（续表）

乔布斯的演讲词	乔布斯的幻灯片
"1984年，我们推出了麦金塔电脑。它不仅改变了苹果公司，它还改变了整个计算机行业。"	麦金塔电脑的照片，照片左上角写着1984年
"2001年，我们推出了第一款iPod。它不仅改变了我们听音乐的方式，它还改变了整个音乐产业。"	第一代iPod照片，照片左上角写着2001年
"今天，我们将推出三款革命性的产品。"	苹果公司的标志
"第一款产品是一部宽屏触控iPod。"	幻灯上的唯一图片是代表iPod的图标，图片下方的文字是"宽屏触控iPod"
"第二款产品是一部革命性的移动电话。"	代表电话的图标，文字是"革命性的移动电话"
"第三款产品是一个突破性的互联网通信设备。"	代表指南针的图标，文字是"突破性的互联网通信设备"
"三种产品：宽屏触控iPod，革命性的移动电话，突破性的互联网通信设备。"	之前的三个图标并排出现在幻灯片上，下方的文字分别是iPod、电话、互联网
"一部iPod、一部移动电话和一个互联网通信设备。一部iPod，一部移动电话——你们懂了吗？这不是三个独立的设备。"	三个图标在屏幕上旋转
"这是一个设备，我们称之为iPhone。"	只有文字，居中显示"iPhone"
"今天，苹果公司将重塑手机！"	只有文字"苹果公司重塑手机"
"它就在这里。"（观众大笑）	一幅搞笑的图片出现：是一部iPod的照片，但是没有滚动式选盘，取而代之的是老式电话的旋转式拨号盘

当观众的笑声停止后，乔布斯就开始解释现有的智能手机的局限性，随后揭开了iPhone的真面目，最后向大家介绍了它的主要功能、特性。任何一个看过整个演讲的人都很可能会告诉你，表格中摘选的那一段时长三分钟的介绍，是整个主题演讲最令人难忘的部分。

请注意乔布斯是如何强化大家的期待、制造非凡体验的。他本可以简单地这样说："我们要向大家介绍的下一个产品叫作iPhone，这是苹果公司第一次进入智能手机领域。这就是它的外观。现在让我详细跟大家说一下。"这样说不会让人印象深刻。对比一下乔布斯当时的那一段话，每一句都吊足

161

了观众的胃口。当乔布斯总结了过去的革命性产品后，听众可能会想："第三个革命性的产品会是什么呢？哦，我知道了，乔布斯即将推出三个这种级别的新产品。酷！等等，是三个吗？我的天哪！他说的是一个产品！所有那些功能都集中在一个产品里。我一定要看看这玩意儿到底是什么！"

乔布斯的每一场演讲——主要的产品发布和次要的产品发布全部包括在内，都预先设计好了一个高潮瞬间，会让所有人忍不住一直谈论。产品是主角，乔布斯是导演，乔布斯就是商业演讲领域里的斯皮尔伯格。斯皮尔伯格的电影最让你难忘的是什么？这些电影中总有那么一个镜头，能在你的记忆里扎根好多年，比如《夺宝奇兵》(Raiders of the Lost Ark)中印第安纳·琼斯拔出手枪杀掉剑手的镜头，《大白鲨》(Jaws)的开场镜头，《外星人》(E.T.)中外星人请求给家里打电话的镜头等。以同样的方式，乔布斯也会制造一个瞬间，让它成为整场演讲里最令人难忘的亮点。

在过去的30年间，乔布斯的演讲风格已经改变了很多，包括他的着装、幻灯片制作和整体风格。但是尽管经历了这么多变化，有一件事却从来也没有变过，那就是他对于制造戏剧性效果的热爱。

导演手记

- 创造一个让人欢呼的时刻，不一定需要一个爆炸性的消息。一些非常简单的手法也许就能达到效果：讲述一个你自己的故事，告诉大家一些新的、意想不到的消息，或者做一个现场演示等都有助于制造一个让观众难忘的瞬间。像斯皮尔伯格那样的导演总是在寻找那些能够让观众振奋、大笑、思考的机会。人们渴望美妙难忘的时刻，所以我们应该在演讲中制造这样的时刻。越出人意料，效果越理想。

▷ 第13场 | 创造让观众"欢呼"的时刻

- 提前策划安排好欢呼时刻,在高潮到来前充分进行铺垫。就像伟大的小说不会在第一页就透露全部情节一样,你也应该在演讲中制造一些戏剧性效果。你看过布鲁斯·威利斯主演的电影《第六感》(*The Sixth Sense*)吗?关键的镜头在电影的结尾——大多数观众都没有料到它的结局。想一些能够为你的演讲增加惊喜效果的方式,至少要制造一个难忘的时刻,让你的观众感到惊讶,让他们在演讲结束后很久都忍不住去讨论它。

- 认真演练演讲的高潮部分。千万不要犯这样的错误:难忘的瞬间已经策划好了,但是由于没有演练而搞砸了。高潮的出现必须干脆利落,看起来要细致入微、轻轻松松。确保现场演示时一切设备运行正常,该出现的幻灯片要准时出现。

第二次幕间休息　席勒的演讲毫不逊色

2009年1月6日，菲尔·席勒在这一天的压力可不小。作为苹果公司负责全球市场营销的副总裁，他要代替乔布斯在Macworld大会上做演讲。(苹果公司之前已经宣布那将是该公司最后一次参加这个大会。)席勒很不幸，人们总会把他和他的老板放在一起做比较，而后者拥有30多年的舞台经验。但是，席勒还是很聪明的，他所做的产品发布演讲包含了典型的乔布斯式演讲的所有优点。以下是席勒使用的7个技巧，如果由乔布斯来讲的话，他肯定也会使用这些技巧。

- **创作短标题**。席勒在一开始就奠定了整个演讲的主题："今天的全部内容都是关于麦金塔电脑的。"这句话让人不禁想起乔布斯在前两年演讲时的开场方式。在2008年演讲开场时，乔布斯告诉观众空气里有一丝不同寻常的气息，为后来MacBook Air的推出埋下了伏笔。2007年，乔布斯说苹果公司将创造历史，他发布了iPhone，苹果公司果然在那一天创造了历史。
- **描述路线图**。席勒在开场的时候向大家描述了简单的议程，而且在整个演讲中不断提醒大家。正如乔布斯使用"事不过三"原则描述产品一样，席勒也把演讲分成了三个部分。他说："今天我要告诉大家三件事（此时幻灯片上显示'三'）。"他讲的第一件事是新版iLife软件，第二件事是新版iWork软件，第三件事是新款的17英寸的MacBook pro笔记本电脑。

- **精心"装扮"数字**。席勒和他的老板一样，赋予数字以意义。他告诉观众，苹果零售店每周要接待340万名顾客。为了帮助观众理解这个数字，他说："那就相当于每周举行100场Macworld大会。"

- **用道具辅助演讲**。在乔布斯的每一场演讲中，现场演示都扮演了重要的角色。席勒也熟练、高效地使用了这个技巧。席勒坐在电脑前向大家展示了2009版iLife和iWork软件的几个新功能，如果是乔布斯来演讲，估计也会这么做。我最喜欢的演示是Keynote 2009的那一部分，这一版软件比以往任何时候都更能让没有平面设计专业知识的普通用户创作乔布斯式的幻灯片。

- **共享舞台**。席勒没有一个人独享镁光灯。某些雇员在他新推出的软件领域比他更有经验，于是他和这些人分享了舞台。为了演示iMovie 2009（新版的视频剪辑软件），席勒把舞台让给了苹果公司的一位工程师，他是这款软件的制作者。当介绍新款的17英寸MacBook pro时，他说这款笔记本电脑最大的创新之处在于电池。为了进一步解释这一点，席勒播放了一段视频，在视频里，三位苹果公司员工描述了他们是怎样在保证笔记本电脑现有的尺寸、重量和成本的前提下，制造了这样一款一次充电能连续使用8小时的电池的。

- **制作具有视觉冲击力的幻灯片**。乔布斯的幻灯片上没有几个字，席勒的幻灯片也是一样。一开始的几张幻灯片上根本没有字，只有图片，席勒带着大家游览了过去一年间苹果公司在世界各地新开的几家零售店。席勒的幻灯片也没有项目符号。当席勒确实需要在幻灯片上罗列特性时，他仅用尽量少的文字，而且在多数文字旁边搭配了图片。

- **制造让人"欢呼"的时刻**。秉承乔布斯的一贯作风，席勒在演讲即将结束时宣布了"另一件事",给观众制造了一个惊喜。像以前一样,他也应用了"事不过三"原则,只不过这次是用到了iTunes身上。他说2009年关于iTunes有三件事:定价结构有所改变,iPhone用户将可以通过3G网络下载、购买歌曲,iTunes上所有歌曲都将去掉DRM(也就是说没有版权保护)。当席勒宣布"从今天开始"将有800万首歌曲去掉DRM时,观众致以热烈的掌声;当他说到所有1 000万首歌曲在本季度末都将去掉DRM时,观众的掌声更加热烈了。席勒知道歌曲去掉DRM这件事将是那一天最大的新闻,所以他直到最后才宣布。这一消息确实成了接下来新闻报道的重点。

The Presentation Secrets of Steve Jobs

第三幕

➡ 改进和排练

到目前为止，我们已经学习了乔布斯策划演讲的方法。我们讨论了他如何用语言和幻灯片来讲述自己的故事，讨论了他如何组织"演出阵容"、准备现场演示以及如何用难忘的瞬间打动他的观众，让他们惊叹不已。最后，你将学到乔布斯如何改进、排练演讲，以达到和观众建立情感联系的目的。如果你想像领袖一样讲话和走路，看起来有领导风范的话，这最后一步是十分关键的。让我们来预习一下这一幕的几场戏：

- 第14场："**大师级的舞台风范**"。说话的方式和说话的内容一样重要，如果不是更重要的话。肢体语言和讲话方式对于你留给观众的印象来说有63%~90%的影响，根据不同的研究得出的数据略有不同，但都在上述范围内。乔布斯的演讲方式和他的语言一样，充满了力量。

- 第15场："**让演讲看起来轻松自如**"。没有几个演讲者能比乔布斯排练得更充分了。他超长的准备时间，即使对于他身边最亲近的人来说都是一个传奇。研究人员已经发现了要想达到一种纯熟境界所需要的练习时间，在这一场，你将看到乔布斯的例子是如何验证这些理论的，你也将学到如何应用这些理论以提高自己的演讲技巧。

- 第16场："**得体的舞台服装**"。乔布斯对于服装的选择是世界上最简单的：在所有的演讲场合，他都穿一样的衣服。他的着装风格如此有名，以至于《周六夜现场》和《我为喜剧狂》这两个节目都善意地调侃过他的穿着。请读者思考一下为什么这样的着装对于乔布斯来说没事，而如果你效仿他也穿成那样的话，就可能意味着职业生涯的结束。

- **第 17 场:"扔掉演讲稿"**。乔布斯对着观众讲话,而不是对着幻灯片自言自语。他和观众有很多眼神交流,因为他已经练习过很多次了。这一场内容会教给你如何以正确的方式练习,以便你也能扔掉演讲稿。

- **第 18 场:"享受演讲的乐趣"**。尽管乔布斯会花很多时间精心准备每一场演讲,但是演讲的过程并不总能按照计划顺利进行。没有什么能够让乔布斯阵脚大乱,因为他的首要目的是享受演讲的乐趣。

第 14 场 | 大师级的舞台风范

> 史蒂夫的活力和热情让我着迷。
>
> ——吉尔·阿梅里奥

乔布斯有一种强大的气场。他讲话的声音、手势、肢体语言等全都透露着权威、自信和活力。乔布斯的自信在 2003 年 Macworld 大会上表现得淋漓尽致,他在主题演讲中推出了铝合金 PowerBook 笔记本电脑,表 14–1 摘录了那一次他说的话和使用的肢体语言。他反复强调的词汇在表格中以黑体表示。

表 14–1　乔布斯在 2003 年 Macworld 大会上的演讲节选

乔布斯的演讲词	乔布斯的肢体语言
"两年前,苹果公司推出了一款具有里程碑意义的产品,钛合金 PowerBook 笔记本电脑**瞬间**成为整个行业最好的笔记本电脑。"	伸出食指
"所有测评都一致叫好。"	掌心朝外,张开双臂
"你们知道吗?在这**两年时间**里,没有人能赶上它。"	右手伸出两根手指

(续表)

乔布斯的演讲词	乔布斯的肢体语言
"迄今为止几乎所有的测评人**仍然**说它是业界首屈一指的笔记本电脑。没有哪款电脑能**接近它的水平**。"	左手上下挥动
"这对于苹果公司来讲很重要,因为我们相信有一天笔记本电脑的销量甚至会超越台式机……我们想让更多的笔记本电脑取代台式机。"	用两只手做出展开的手势
"那么,我们如何做到这一点呢?下一步是什么?钛合金 PowerBook 是一款里程碑产品,不会停产。但是我们会让它再升一级,来吸引**更多的台式机用户**购买笔记本电脑。"	左手从右边大幅度滑向左边
"我们怎么做到这一点呢?我们用这个来做到。"	短暂停顿
"**新款 17 英寸** PowerBook,它有 17 英寸宽屏显示器。"	又一个展开的手势,掌心向外,双手向两边展开
"它看起来**堪称惊艳**。"	短暂停顿
"当你把它合上时,它只有**一英寸**厚。"	用左手做出表示很薄的动作(大拇指和食指几乎捏在一起)
"**史上最薄的** PowerBook,让我给大家展示一下。我这里恰好有一台。"	走向舞台的右侧,但是依然和观众保持眼神交流
"它是我们制造过的最不可思议的产品。"	拿起一台电脑,打开
"新款 17 英寸 PowerBook。好得吓人。看看这屏幕!"	把电脑举高一些,展示屏幕
"看看它有**多薄**!是不是难以置信?也非常漂亮。"	合上电脑,举高一些
"很明显,这是**世界上**有史以来最先进的笔记本电脑。我们的竞争对手到现在还没有追上我们两年前推出的产品,我真不知道他们该拿**这款新品**怎么办。"	装作一副忧心忡忡的样子,观众因为他异常严肃的表情大笑了一阵

乔布斯用来描述产品的语言固然重要,但是他说这些话的风格也同样重要。他会重读每一段的关键词,特别强调每一句话里最重要的词汇。他在说话的时候辅以手势。我们会在本场后面的部分进一步研究他的肢体语言和讲话方式,但是现在,理解他的演讲技巧的最好方式就是找出一位相形见绌的演讲嘉宾。

"谁是提词卡片先生？"

在 2007 年 Macworld 大会上推出 iPhone 的时候，乔布斯邀请了美国电话电报公司旗下的辛格东公司的首席执行官斯坦·西格曼（Stan Sigman）上台，就两家公司的合作事宜讲两句。西格曼刚一上台，演讲大厅的轻松气氛立刻变得压抑起来。他把双手插进口袋里，然后以低沉的、毫无起伏的语调开始讲话。最糟糕的是，他竟然从上衣口袋里掏出提词卡片，然后一个字一个字地照本宣科。这样，他的讲话变得更加枯燥，并且失去了和观众的所有眼神交流机会。他讲了 6 分钟，每一分钟都很漫长，感觉像有半个小时。观众开始烦躁，坐等乔布斯归来。

美国有线电视新闻网的国际博客上有一个帖子这样写道："西格曼……僵硬地念演讲稿，时不时笨拙地停下来在稿子上找要说的话。对比之下，穿着标志性黑色圆领衫和蓝色牛仔裤的乔布斯就是银舌……乔布斯是全美商界最棒的演员之一，几乎从来不看稿，即兴笑话脱口而出。"博客作者们对西格曼的批评毫不留情："谁是提词卡片先生"，空话连篇，糟糕透顶，"催眠师"。

同一年，西格曼离开了美国电话电报公司。Macworld 网站上写道："西格曼给苹果粉丝留下的最深印象是用一段演讲完全破坏了乔布斯的'超脱现实场'，这段演讲把半数以上的观众送进了甜美的梦乡。他被判决来生去做史考特·波恩（Scott Bourne）的 99% 的笑话中那个被无情讽刺的倒霉蛋（波恩是苹果产品评论家）……西格曼退休后要做什么呢？据说他正在考虑教授贫困少年公共演讲课程。"

西格曼在美国电话电报公司工作了 42 年，从公司的最底层一步步爬升，直到最后掌管了公司的无线事业分部。但是对于很多不熟悉他领导能力的人来说，西格曼在 Macworld 上的这一次露面会成为他职业生涯中抹不掉的一个"污点"。这不是西格曼的错，他不得不在乔布斯这样的大师之后演讲。并且，非常不幸的是，本书那时候还没有出版，没办法帮他做好准备！

改进肢体语言的三个技巧

乔布斯于 1985 年从苹果公司辞职，原因是在和时任首席执行官的约翰·斯卡利争夺公司控制权的权力斗争中失利。1996 年，苹果公司的首席执行官吉尔·阿梅里奥宣布将以 4.27 亿美元收购乔布斯的 NeXT 公司。这样，乔布斯在出走 11 年之后又回到苹果公司。阿梅里奥在《甜苹果？酸苹果？苹果 CEO 的 500 天》(*On the Firing Line: My Five Hundred Days at Apple*) 中写道："乔布斯的活力和热情让我着迷。我记得他站着的时候是多么充满活力，我记得他走着的时候能够将绝妙的想法付诸实施，我记得他如何变得越来越善于表达。"

乔布斯在舞台上走动时，整个人会活力四射，他看起来有无穷无尽的能量。在他状态最好的时候，他会做三件事情，这三件事情任何人都能做，也都应该做，因为做了这三件事就能增强说话和演讲的技巧：他会和观众进行眼神交流，保持开放的姿势，经常使用手势。

眼神交流

像乔布斯这样伟大的演说家比普通的演讲者与观众进行的眼神交流要多得多，他们几乎从不照着幻灯片或笔记演讲。乔布斯并不是完全不使用笔记，他在演讲时经常把一些笔记藏在大家看不到的地方。苹果公司的演示软件 Keynote，让演讲者查看"演讲注释"变得很容易，而观众在大屏幕上只能看见幻灯片本身。如果乔布斯真的是在阅读的话，也没有人会发现。他几乎全程都和观众保持眼神交流。他扫一眼幻灯片，然后马上把注意力转回到观众身上。

大多数演讲者花了太多时间来逐字读出幻灯片上的文字。在现场演示的时候，平庸的演讲者会中断与观众的眼神交流。研究表明，人们往往把眼神交流和诚实、可靠、真诚、自信联系在一起，回避眼神交流的人经常被人们视为缺乏自信和领导能力的体现。中断眼神交流必然会断开演讲者和观众的联系。

乔布斯能够自如地和观众进行眼神交流，因为他在演讲之前已经练习好几个星期了。他确切地知道每一张幻灯片上的内容，知道当幻灯片出现时该说些什么。乔布斯演练得越是充分，这些内容越是能够内化到他的心里，他和观众联系起来就越容易。大多数的演讲者都没做充分的练习，这很容易就能看出来。

乔布斯能够自如地和观众进行眼神交流的第二个原因是，他的幻灯片极具视觉冲击力。大多数情况下，幻灯片上都没什么文字，而只有图片。当幻灯片上有文字时，通常也只有几个字，有时候一张幻灯片上只有一个字。极具视觉冲击力的幻灯片，强迫演讲者靠自己的力量把信息传递给观众。

开放的姿势

乔布斯几乎从来不会把双臂抱在胸前或者站在演讲台后面。他的姿势是开放的，开放的姿势表明他在自己和观众之间没有设置任何障碍物。在现场演示时，乔布斯坐的位置和电脑平行（侧面对着观众），这样他就能直接看见观众，观众也能直接看到他。他在电脑上操作一个功能后，会马上转向观众解释刚才他做了什么，很少长时间中断和观众的眼神交流。在乔布斯的早期演讲中，最明显的是 1984 年推出麦金塔电脑的那一次，他站在了演讲台后面。不久之后他就迅速抛弃了演讲台，从此以后再也没用过（2005 年在斯坦福大学毕业典礼上的演讲是一次例外）。请看图 14–1。

图 14–1　演讲中的乔布斯在用眼神、手势和开放的姿势与观众交流

资料来源：Tony Avelar/AFP/Getty Images

手势

乔布斯会用辅助性的手势来强调他说的每一句话。一些老派的演讲培训师仍然会训练他们的客户在演讲时把手放在身体两侧，我不太清楚这种想法是从哪里来的，因为对于任何一个想要俘获观众的演讲者来说，这样做都是"死亡之吻"。把手放在身体的两侧会让你看起来僵硬、呆板，坦白讲，怪怪的。杰出的演说家，比如乔布斯，会比普通演讲者更多地使用手势，而不是更少。关于这一点，甚至有研究支持这一结论。

芝加哥大学的戴维·麦克尼尔（David Mcneill）博士以他对手势孜孜不倦的研究闻名。自从1980年以来，这个研究领域一直是他的兴趣所在。他的研究表明，手势和语言是紧密联系的。事实上，对于手势的使用能够让思维过程更加清晰，从而让演讲者讲得更好。他说，刻意不使用手势反而需要全神贯注的努力。麦克尼尔已经发现，受过严格训练、充满激情和自信的思想家的手势能反映出其思维的清晰程度，手势就像一扇窗，透过这扇窗你能看见他们的思维过程。

使用手势可以强调你的观点，但是要小心，你的手势不能变得像机器人一样死板或者矫揉造作，装模作样。换句话说，不要照搬乔布斯和他的动作。要做真实的自己。

风范十足地讲话

乔布斯说的话和他使用的手势一样有效。他演讲的内容、幻灯片和现场演示让人兴奋，但是他说的话把这一套东西整合在了一起。在2007年1月推出iPhone的时候，他讲述了一个精心创作的故事，而他的口头表达则为故事增添了恰到好处的戏剧性。我们已经在之前的章节中回顾过这次演讲和演讲中使用的幻灯片，现在让我们关注一下乔布斯所说的内容和他说话的方式。毕竟，这些是一套相得益彰的技巧。如果讲述得不好，再好的幻灯片也没有意义；如果讲述得不好，再好的故事也会趋于平淡。

第14场 | 大师级的舞台风范

首席执行官，还是传教士？

没有几个人在公开演讲时能像思科公司的首席执行官约翰·钱伯斯那样的自信。人们在第一次听他演讲时往往会被吓到。就像一个传教士一样，钱伯斯会在观众席间来回走动。他只在开始的时候在舞台上待一两分钟，然后就会跑到人群里。钱伯斯会径直走向观众，直视他们的眼睛，直呼一些人的名字，甚至把手搭在一些人的肩上。没有几个人能有自信做到这一点。

我知道，事实上钱伯斯的自信是很多个小时残酷练习的结果。他知道每一张幻灯片上的每一个字，他确切地知道接下来要说些什么。观众说看钱伯斯演讲是一种"吓人"的体验，你也应该做到"吓人"。反复练习你的演讲，多注意你的肢体语言和讲话的方式。

表14-2反映了乔布斯讲话的方式，其内容来自iPhone的发布会，但在这里我们关注的是讲话方式。乔布斯强调的词语在左边一栏以黑体字表示；右边一栏的内容是对他讲话方式的注释，包括他讲完一个短语或一句话之后的停顿，尤其要注意他的节奏、停顿和音量。

表14-2　乔布斯2007年推出iPhone的演讲节选

乔布斯的演讲词	乔布斯的讲话方式
"对于今天的到来，我已经盼了整整两年半的时间。"	停顿
"每过一段时间，就会有一个革命性的产品出现，**并改变世界**。"	停顿
"苹果公司非常幸运，它已经向世界推出了很多这样的产品。1984年，我们推出了**麦金塔电脑**。它不仅改变了苹果；它还改变了整个计算机行业。"	停顿
"2001年，我们推出了第一款iPod。"	停顿

乔布斯的魔力演讲
The Presentation Secrets of Steve Jobs

（续表）

乔布斯的演讲词	乔布斯的讲话方式
"它不仅改变了我们听音乐的方式，它还改变了整个**音乐产业**。"	停顿
"今天，我们将推出三款此类革命性的产品。第一款产品"	停顿
"是一部宽屏触控iPod。第二款产品"	停顿
"是一部革命性的移动电话。"	音量提高
"第三款产品"	停顿
"是一个突破性的互联网通信设备。三种产品：宽屏触控iPod、革命性移动电话、突破性互联网通信设备。"	停顿
"一部iPod，一部移动电话和一个互联网通信设备。"	音量进一步提高
"一部iPod，一部移动电话——你们懂了吗？"	语速加快，音量进一步提高
"这些不是三个独立的设备，而是一个设备。"	声音进一步提高
"我们称之为iPhone。"	声音继续提高
"今天，苹果公司将重塑手机！"	整场演讲在这里声音最大

乔布斯会变换自己的说话方式来制造悬念，表达他的激情和兴奋感。没有什么比一成不变的无聊音调更能彻底破坏你对演讲的精心策划了，乔布斯显然不会那样说话。

乔布斯的声音完善了戏剧的情节，他在每一场演讲中都会使用类似的技巧。下面我们将详细探讨乔布斯吸引观众时使用的4种互相关联的技巧：语调变化、停顿、音量、语速。

语调变化

乔布斯通过提高或者降低音调来改变自己说话的语调。你想一想，如果他说的话全都是一模一样的语调，iPhone的发布会会是多么平淡。乔布斯没有那样做，相反，当他说"你们懂了吗"和"而是一个设备"时，他提高了音调。一些他最喜欢使用的描述性形容词，经常在他的演讲中出现：令人难以置信、真棒、酷、巨大的。如果在说这些词汇时的语调和说句子其他部分的语调一模一样，那么这些词语的冲击力就不会那么强。乔布斯经常调整自己的音调，永远让他的观众随他的思路而欢呼。

停顿

没有什么比恰到好处的停顿更能制造戏剧性效果了。"今天我们将推出第三种笔记本电脑。"乔布斯在 2008 年 1 月告诉 Macworld 大会的观众。他停顿了一会儿，然后说，"它叫作 MacBook Air。"他又停顿了一会儿，才说出标题，"它是世界上最薄的笔记本电脑"。

乔布斯不会在演讲中说个不停，他会让演讲停下来"喘口气儿"。他经常会沉默好几秒钟，让关键的要点慢慢渗透到观众心中。大多数演讲者听起来好像是在快速地讲述材料，从很多方面看，他们确实如此，因为他们准备了太多的材料，远超过要求的时间。乔布斯却从来不着急。他的演讲预先进行过仔细的练习，这能够给他充分的时间慢下来、停顿，然后突出他要传递的重点信息。

音量

乔布斯会通过降低或者提高音量来增加戏剧性。通常，他在介绍一款热门新产品时就会这样做：他先降低音量，为后来宣布的消息造势，然后在高潮时刻提高音量。他有时也会反过来。在介绍第一代 iPod 时，他提高音量说："把你的整个曲库随时带在身边，是听音乐方式的巨大飞跃。"然后他又降低音量说出 iPod 的撒手锏："但是 iPod 最酷的地方在于，它能够把你的整个曲库装进你的口袋。"正如语调变化和停顿能够让观众集中注意力关注你说的每个字一样，音量的变化也能达到相同的效果。

语速

乔布斯在说一些句子的时候会提高语速，在说另一些句子的时候则会降低语速。在现场演示的时候他通常会使用正常语速，但是当他说出标题或者关键信息的时候，他会明显降低语速，这样观众才能记住。当乔布斯第一次推出iPod时，他把音量降低到几乎是窃窃私语的程度来强调iPod的最大亮点，他也会放慢句子的节奏来创造戏剧效果。表14-3给出了一些典型的例子。

表 14-3　乔布斯推出iPod的演讲节选

乔布斯的演讲词	乔布斯的说话方式
"现在你可能会说：'这是很酷，但是我的笔记本电脑iBook有更大的硬盘。我使用iTunes，这已经很幸福了。我的iBook电池不能续航10个小时，但是iBook比任何笔记本电脑的电池续航时间都长。'"	放慢语速
"那么，iPod到底有什么特殊之处呢？"	停顿并且降低音量
"它超便携。iBook很便携，但是iPod超便携。让我跟你讲讲这意味着什么。"	放慢了语速
"iPod只有一副扑克牌那么大。它有2.4英寸宽，4英寸高，厚度只有0.75英寸多一点儿。这真的很小。它的重量不足0.19千克，比你们大家口袋里的手机还轻。这就是iPod非凡的地方。"	放慢语速，降低音量
"它超便携。"	几乎听不清，像耳语一样

说话方式

不要错误地相信肢体语言和讲话方式是不重要的"软技能"。加州大学洛杉矶分校的科学家阿尔伯特·梅拉比安（Albert Mehrabian）研究了表达和沟通的技巧，并写了一本书，《无声的信息》（Silent Messages）。他发现，非语言表达在对话中起到的作用最大；讲话的语调，即语言表达，是第二影响力因子；处在第三位的，也就是最不重要的，是说话的内容。

在很大程度上，乔布斯说话以及表达自己的方式让观众对他充满了敬畏，让大家对他充满了信心，把他当成一位领袖。美国总统巴拉克·奥巴马说过，在他从一个社区组织者一步步成为全球权力最大的领袖之一的过程中，他学到的最有价值的一课是："永远要表现得信心十足。"

人们会一直对你做各种评判，而见到你的前 90 秒对于他们的评判影响最大。你的讲话方式和你的肢体语言会让听你讲话的人失望或受到鼓舞。乔布斯是一个能够让你触电的沟通大师，因为他具有语言和肢体语言的双重表现力。

布依勒？布依勒？

本·斯坦恩（Ben Stein）为我们提供了一个关于无聊、平淡的说话方式的最佳范例。在 1986 年的电影《春天不是读书天》（*Ferris Bueller's Day Off*）中，本·斯坦恩扮演了一个无趣的经济学老师。斯坦恩在电影中最著名的台词出现在他在课堂上点名，而布依勒不在的时候。斯坦恩用整部电影里最乏味、最平淡的语调问道："布依勒……布依勒……布依勒……"镜头则对准一个空荡荡的座位。在另一个场景里，斯坦恩与学生们讨论《霍利-斯穆特关税法》（*Hawley-Smoot Tariff Act*）和巫术经济学，学生脸上的表情可笑极了。一个孩子的头趴在桌子上，口水从嘴边流出来。斯坦恩的角色非常无趣，也很可笑。

如果让斯坦恩用表演那位老师的方式朗读乔布斯的演讲稿，那么这场演讲无疑将成为美国公司历史上最冗长、最无聊的演讲之一。这又一次证明了：语言很重要，但是有效的说话方式才是关键所在。

导演手记

- 注意你的肢体语言。保持眼神交流和开放的姿势，得体地使用手势。不要惧怕使用你的双手，研究已经表明，手势体现了复杂的思维，能够让观众对你充满信心。

- 变换你的讲话方式，灵活转换你的语调，提高或降低你的音量和语速。演讲时适当停顿，没有什么比恰到好处的停顿更具戏剧性效果的了。

- 为自己录像。看看你的肢体语言，听听你自己的说话方式。看自己演讲的录像是提高你的演讲水平的最好方式。

第 15 场 | 让演讲看起来轻松自如

> 不是在你很棒的时候去练习,而是通过练习让你变得很棒。
> ——马尔科姆·格拉德威尔

乔布斯是一位大师级的演员,总是在雕琢自己的演技。每一个动作,每一次现场演示,每一幅图片和每一张幻灯片都是同步的。他看起来惬意、自信并且轻松自如。他的演讲秘诀是排练很长时间,确切地说,是排练很多个小时,持续很多天。

《新闻周刊》的一位记者指出:"乔布斯介绍苹果公司的最新产品时,就好像一位特别聪明、对于科技产品十分了解的朋友在你家客厅里为你展示科技创新一样。然而真相是,这种随意的感觉是长时间令人筋疲力尽的练习的结果。一位零售部门的管理人员回忆,有一次乔布斯要求他去Macworld的排练现场,结果这位管理人员在那里等了好几个小时,乔布斯才从台上下来跟他谈话。乔布斯把他的主题演讲视为一种竞争力极强的武器。玛丽莎·梅尔(Marissa Mayer)是一位在Google负责推出创新产品的主要管理人员,她坚持认为那些崭露头角的产品营销人员都应该聆听乔布斯的主题演讲。她说:'乔布斯在推出新产品方面无人能出其右,他们必须看看他是怎么做的。'"

他是怎么做的呢？这位《新闻周刊》的记者在那篇文章中给出了答案：乔布斯会花很多个小时苦练。你能说出上一次自己投入很多个小时苦练一场演讲是什么时候吗？老实的回答也许是"从来没有过"。如果你真的想做到像乔布斯一样演讲，就要准备好花更多的时间去练习演讲的每一个环节。

神秘幕布的后面

在2006年1月5日《卫报》上发表的一篇文章中，前苹果公司的员工麦克·伊万杰利斯特（Mike Evangelist）写了他为乔布斯的主题演讲的一个现场演示环节彩排的经历："对于一个不经意的观众来说，这些演讲看起来就是一个穿黑圆领衫、蓝色牛仔裤的家伙谈论一些新的科技产品而已。但实际上，这些演讲极其复杂，是一种集推销、产品演示、公司宣传于一体的组合，还要额外添加一点儿宗教布道会的成分。这些演讲是好几个星期辛苦工作、精心协调的结果，当然，也意味着几十个人承受着巨大的压力，他们就是幕后英雄。"

根据伊万杰利斯特对于自己亲身经历的描述，乔布斯在演讲开始之前好几周就开始准备，研究那些他要谈到的产品和技术。伊万杰利斯特被选中在2001年的Macworld大会上演示新版iDVD，即苹果公司制作的刻录DVD的软件。他的团队为了一个时长5分钟的演示准备了几百个小时——没错，确实是为了一段5分钟的演示准备了好几百个小时。

伊万杰利斯特说乔布斯在演讲之前彩排了整整两天，并且不断向现场的产品经理询问反馈意见。乔布斯要在幻灯片上花很长时间，亲自撰写、设计大部分内容，设计团队也会帮些忙。在演出前一天，一切都变得高效有序，井井有条。至少有一次，有时甚至是两次完整的彩排。乔布斯的注意力全程都高度集中，让主题演讲成为苹果精神的化身。

在主题演讲之前的那几周里，伊万杰利斯特观察到乔布斯的情绪经历了从失望到得意的整个过程。他总结道："我相信这是乔布斯对苹果公司最重要的影响之一：除了要求自己和他人更加卓越之外，他对其他任何东西都少有或者说没有耐心。"

1999年10月,《时代周刊》的记者迈克尔·克兰茨(Michael Krantz)在乔布斯推出一系列多种色彩的iMac的前一天采访了他。乔布斯正在排练演讲中最重要的一段,就是他宣布"和新款的iMac们打个招呼"的场景。这些电脑在此时应该从一块深色幕布的后面滑出来。[①]但是,克兰茨说乔布斯对灯光很不满意,他想让灯光更强,而且早点儿亮起来。他说:"我们就一直做下去,直到做对,好吗?"于是,灯光师们就一次次地反复调试,乔布斯也越来越不高兴。

克兰茨在报道中写道:"最后,他们终于搞定了。在无可挑剔的灯光照耀下,5台iMac熠熠生辉地从幕布后方平顺地滑向前台,大屏幕上也同步打出了这个美丽的画面。'哦!太好了!'乔布斯激动地叫喊着,为这个世界居然能够制造出这些无与伦比的机器而感到兴高采烈。'太完美了!'他吼叫的声音在空荡荡的礼堂里回荡,'哇!'你猜怎么着?他是对的。灯光早些打亮确实让这些iMac看起来效果更好。"

对于克兰茨描述的这一场景可以做如下解读:要么乔布斯是一个过分关注细节的挑剔主;要么,就像乔布斯的一个朋友在一篇文章中描述的那样,他是一个"几近偏执地追求品质和卓越"的人。

乔布斯、乔丹、丘吉尔的共同之处

心理学教授K·安德斯·埃里克森(K. Anders Ericsson)博士对顶尖运动员以及其他行业的顶尖从业者进行了研究,包括棋手、高尔夫球手、医生,甚至还有飞镖运动员!埃里克森发现,这些明星选手会通过刻意的训练来提高自己的技能。换句话说,他们并不只是反复做同一件事,希望能做得更好,而是制定具体的目标,征求反馈意见,长期持续不断地努力

[①] 此处作者有误,在这次发布会上,乔布斯的那句"和新款的iMac们打个招呼"的台词是在一台新款iMac滑出时说的,新款iMac只有一种颜色,所以作者把这句台词也引述错了,原句使用的是单数。克兰茨在这里和下文中说到的5台不同颜色的iMac指的是iMac DV,是在介绍完新款iMac之后才介绍的,而且乔布斯在这时候并没有说那句台词。——译者注

练习，从而有所提高。从埃里克森的研究中我们得知，表现超群的人会多年如一日地一次次地练习，磨炼特定的技能。

平凡的演讲者能通过练习达到非凡的境界。丘吉尔是20世纪最伟大的演说家之一，他是一位大师，善于说服、影响和鼓舞别人。在第二次世界大战最黑暗的年代，丘吉尔刻意练习过他那鼓舞了无数英国人的演说技巧。在《永不言败》（*We Shall Not Fail*）这本书里，丘吉尔的孙女西莉亚·桑迪斯（Celia Sandys）和合著者乔纳森·利特曼（Jonathan Littman）写道："他会在重要的议会演讲前的几天里认真准备，为应对可能出现的各种各样的质疑，练习机智回答或巧妙回避的技巧。丘吉尔练习得如此到位，以至于他看起来像是在做即兴演讲，他能把观众完全镇住。我们从他身上学到的道理很简单，却需要我们为此付出很多努力。练习十分关键，尤其是如果你想看起来自然随性的话，就更应该多加练习。"世界上最伟大的演说家一直都知道这个道理："自然随性"是有计划的练习的结果。

你可以像乔布斯一样演讲，但这需要练习。乔布斯能让精妙复杂的演讲看起来轻松自如是因为他投入了时间。《追随内心》这本书里引用了NeXT公司的一位名叫保罗·莱斯（Paul Vais）的高管说过的话："每一张幻灯片都做得像一首诗一样。我们在大多数人认为的细微之处花费好几个小时。史蒂夫会为了演讲下苦功夫。我们会努力协调组织演讲的所有方面，让一切都变得更加生动。"想让你的演讲"更加生动"需要练习。一旦你理解了这一简单的原则，你的演讲就能脱颖而出。

"10 000个小时"的成功定律

没有人"生来如此"。乔布斯是非凡的演讲家，因为他努力练习。马尔科姆·格拉德威尔在《异类》一书中说："研究表明，乐手一旦有了足够的能力进入顶尖的音乐院校，那么把一名演奏者和另一名演奏者区别开来的唯一东西就是他或她努力练习的程度。并且更重要的是，最优秀的人并不只是比所有人都更加努力，甚至不只是努力得多，而是努力得多得多。"尽管格拉德威尔在《异类》中提到的这个理论只提到了音乐家，但是关于这个课题的大量研究表明，对于在任意特定领域里表现杰出的所有人来讲，练习是他们取得成功的共同原因。神经科学家兼音乐家丹尼尔·列维丁（Daniel Levitin）认为，取得成功的神奇数字是 10 000。

"这些研究逐渐得出的结论是，在任何领域，要想获得世界级大师所达到的精通水准，需要练习 10 000 个小时……通过无数个案例研究发现，无论是作曲家、篮球运动员、小说家、滑冰运动员、钢琴演奏家、国际象棋手，还是顶级罪犯，只要你能想到的，都有人研究过，10 000 这个数字在这些研究中反复出现。当然，这不能解释为什么有些人练习了很久却毫无进展，而另一些人却能从练习中获益良多，但是，没有人找到过哪怕是一个用更少的时间达到真正世界级水准的例子。看起来大脑确实需要这么长时间的消化吸收，才能达到真正的精通。"

这种 10 000 个小时理论和我们所了解的大脑学习原理是一致的。根据格拉德威尔和列维丁的研究，学习一件事需要大脑神经组织之间建立起某些连接。我们对于某种特定行为的经验越丰富，这些连接就越稳固。

现在让我们做些算术题。10 000 个小时大概相当于每天三小时，或者每周 20 小时，持续 10 年时间。为了让这个理论具体化，格拉德威尔讲了一个甲壳虫乐队的故事。在成名之前，他们在汉堡已经表演了很长时间。在甲壳虫乐队于 1964 年第一次尝到成功的滋味之前，他们已经现场演出过 1 200 多次了，有些时候一次演出就要持续 8 个小时。这是一项伟大的成就，因为大多数乐队在整个职业生涯中都表演不了那么多次。甲壳虫乐队的成员一起表演的时间越长，就表演得越好、越有信心。"顺便说一下，"格拉德威尔写道，"从乐队成立到他们取得最伟大的艺术成就——专辑《佩珀中士的孤独之心俱乐部乐队》（Sergeant Pepper's lonely hearts club band）和白色专辑《甲壳虫》问世，时间正好过去了 10 年。"

心里想着"10 000 个小时"的成功定律，让我们把注意力再次转向乔布斯。尽管苹果公司创办于 1976 年，但是乔布斯和他的朋友、联合创始人史蒂夫·沃兹尼亚克在 1974 年就开始参加家酿计算机俱乐部的聚会了。家酿是加州硅谷的一个电脑爱好者俱乐部，正是在家酿，乔布斯才开始摆弄电脑，

乔布斯的魔力演讲
The Presentation Secrets of Steve Jobs

开始谈论计算机将如何改变世界的。整整10年之后，乔布斯做了一次杰出的演讲——1984年的麦金塔电脑发布会。大多数看过这次演讲的人认为，那是一个伟大的成就，有悬念、有剧情、有各种兴奋点。但是值得注意的是，乔布斯并未就此停歇，他继续练习、改进他的演讲风格。

十多年之后的1997年，乔布斯已经回到了苹果公司，并且在波士顿的Macworld大会上登台演讲，讨论他所采取的挽救苹果公司的措施。那次他的各方面表现都比前些年更加精湛、自然，他放弃了演讲台，自如地在舞台上走动，并且开始制作更具视觉冲击力的幻灯片。

时间又过去了10年，到了2007年的Macworld大会。在我看来，如果考虑从开始到结束的每一个元素的话，这次演讲是乔布斯迄今为止最伟大的演讲。他的每次演讲都能打出本垒打，但是在2007年，他打出了全垒打。所有的一切都丝丝入扣、完美无缺。我们已经在本书里仔细讨论了这次演讲的几个部分。演讲整体上精彩绝伦，情节跌宕起伏，肢体语言自然且充满自信，讲话方式风范十足、引人入胜，幻灯片精美绝伦。在同一周，拉斯韦加斯举办了规模比Macworld大会大得多的消费电子展，但是iPhone的发布让那家展会上的所有产品都显得暗淡无光。

关于乔布斯最大的误解是，他是一个天生的演讲家，他生来就具备舞台上表现出来的那种领袖风范。研究的结果告诉我们，没有人是"天生的"演讲家。你能够达到世界上最伟大的演讲家的水准，但前提是你必须比其他所有人都努力得多得多。

25 000美元打了水漂儿

我听过一家大型上市公司的高管面对顾客、媒体和分析师所做的一场演讲。后来我得知，这家公司花了25 000美元聘请了专业设计师来制作精美、华丽的幻灯片，灯光、音响和场地费用还不包括在25 000美元之内。但是，如果你不练习，即使最有创意

> 的幻灯片也打动不了观众。这个高管就没有练习。他没有练习如何将演讲内容和幻灯片结合在一起，所以幻灯片完全成了摆设，他也无数次忘记自己讲到了哪里。整场演讲断断续续，他甚至一度恼羞成怒地甩手！如果你为演讲花费了金钱和时间——时间也是金钱，那你必须练习、练习、再练习！

让录像成为你最好的朋友

几乎每一年，都会有首席执行官邀请我帮助他们准备在拉斯韦加斯消费电子展上的重要演讲。这个展会通常被安排在一月的第一周举行，这就意味着我们得在假期练习，通常在那时候公司的其他员工都放假了。但即便这样，这些首席执行官还是会准时来练习，因为他们知道这有多重要。

有一年，在练习了几天之后，我的一位首席执行官客户在拉斯韦加斯登台了。但是幻灯片出了点问题，遥控器坏了，幻灯片不能继续切换。大多数不花时间练习的业余演讲者遇到这种情况都会僵在台上，而我的这位客户却没有这样，因为他准备得非常充分。他很自然地朝一位助理打了一个手势，让他操作幻灯片（我们练习过如何应对这种紧急状况）。他没有错过任何一个步骤，接着侃侃而谈。但是祸不单行，电脑又坏了，死机，需要重启，幻灯片才能继续播放。助理无奈地摇头，但是这位首席执行官却没有偏离航向。他在没有幻灯片的情况下继续把演讲进行到底，信心十足，轻松自如。

后来他对我说，如果不是练习过（我一直督促他练习），他肯定会丧失信心，在雇员、分析师、投资者、顾客和媒体面前胡言乱语，出尽洋相。我在演讲结束后问一些观众觉得这位高管的演讲怎么样，结果竟然没有一个人发现演讲过程中设备出了问题。

观看录像

我们在练习的过程中用了一台录像机。没有几个演讲者会观看自己演讲的录像,尽管花不到 300 美元就能买到一台合适的录像机。我知道在电视上,尤其是在宽屏电视上看自己的录像并不是什么美妙的体验,但是请相信我的话:这非常必要。把你的演讲全程录像,然后反复播放。如果可能的话,找几个客观公正的朋友或同事,让他们一起观看并提供坦率的反馈意见。使用一个外接的、领夹式无线麦克风,不要用所有录像机都自带的内置麦克风,这样你的声音会更大、更洪亮,听得更清楚。

在看录像的时候,仔细注意以下 5 个方面:

- **眼神交流**。凭自己的记忆演讲,不要照着提词卡读,你的幻灯片应该起到提示作用。公开演讲专家安德鲁·卡内基(Andrew Carnegie)观察到,提词卡会破坏演讲者和听众之间的亲密关系,让演讲者显得无力和缺乏自信。请注意我并没有要求你在演讲时完全扔掉提词卡。乔布斯总是把提词卡藏在观众看不见的地方,他扫视提词卡时,只有非常认真观察他的人才能发现。他在现场演示的时候会参考提词卡,但是因为观众的注意力集中在演示的产品上面,所以这些提词卡不会破坏演讲的效果。他在讲台上保留的提词卡也是非常简单、不会破坏演讲的,他只需偶尔扫视一眼,找到自己讲到哪里即可。尽管 Keynote 的视图功能比 PPT 更好用,但是你仍然应该努力做到在演讲的大部分时间摆脱提词卡。

- **肢体语言**。你的肢体语言有力、自信吗?有没有风范?你的胳膊是抱在一起的还是打开的?你是不是没有保持开放的姿势,把手插进口袋里了?你有没有摆弄东西、左摇右晃,或者有其他分散他人注意力的小动作?你的手势是自然协调还是僵硬得像木头一样?记住,肢体语言和说话方式占了观众印象分的很大一部分,你的肢体语言应该反映出你对演场讲内容的信心。

- **口头禅**。你是不是经常使用类似"嗯"、"啊"、"是吧"一类的词汇来填充思维的空隙?你不能用文字填满幻灯片,同样,你也不能用口头禅填满句子之间的每一个停顿。观看自己演讲的录像是减少这些分散人们注意力的口头禅的最好方式。留意几次之后，下次演讲时你就会更清楚地注意规避这个问题。意识到问题的存在，问题就解决了大半。

- **说话方式**。通过变换音量和语调把观众的注意力牢牢锁定在演讲的内容上。在演讲的不同阶段，适当提高或降低音量，改变演讲的节奏。变换语速能够让你的演讲听起来不至于像念经一样，在某些地方加快语速，然后再慢下来。停顿能够加强冲击力，我要再次强调，没什么比合适的停顿更富有戏剧性的了。说话不要显得很着急，而要适当停顿。

- **活力**。你看起来是像星期日的清早被人刚从床上揪起来一样？还是看起来充满活力、激情四射，并且发自内心地想与大家分享你的故事？我们都喜欢待在充满活力的人的身边，他们能够鼓舞我们，他们能够激起你的活力，他们有趣，还能让你得到提高。一个充满活力的人说话的声音充满激情，走路时足下生风，脸上常挂着微笑。活力让你招人喜欢，而说服性演讲最重要的元素就是招人喜欢。大多数商业人士都低估了要激起听众的热情所需要的活力。那些让人震撼的演讲家，比如说乔布斯，就具备这种活力，乔布斯总是比跟他同台的人更有活力。

离开舒适区域

大多数商业人士都需要增强自己的活力，但是，你需要释放多大的活力才合适，才不至于显得过分呢？用一个活力标尺来丈量自己就能得到答案。在这个活力标尺的范围内，水平越高越好。

我经常问我的客户这个问题："如果把活力水平分成10级，第1级是熟睡状态，第10级是像托尼·罗宾斯（Tony Robbins）那样手舞足蹈，告诉我你现在是什么状态？"

"第3级吧。"我的大多数客户都会这样回答。

"好,"我说,"如果处在第7级、第8级、第9级的话会是什么样的感觉呢?试一试!"

如果大多数的演讲者都老实承认,他们一般都处在活力标尺的第3级到第6级之间,这就意味着还有很大的提升空间。

活力这件事很难描述,但是当你目睹时,你就会知道它的存在。电视节目主持人雷切尔·雷(Rachael Ray)就很有活力,奥巴马总统和托尼·罗宾斯也有。这三个人风格不一样,但是说话时都充满活力。

试试这个训练,练习离开自己的舒适区域:用平常惯用的方式演讲几分钟,然后录下来,回放,再让另一个人跟你一起看。问问你自己和另一个观众:"我处在活力标尺的哪一级?"再试一次,这次要突破你的舒适区域,要夸张一点儿,提高音量,使用大幅度的手势,笑得夸张一些。你看,大多数人都不知道自己在演讲的时候活力水平有多低。当你要求他们"突破尺度"、离开自己的舒适区域时,他们往往能够达到恰到好处的水平。

卡罗琳·肯尼迪的口头禅

有"嗯"、"啊"、"是吧"这一类口头禅的人不一定做不好政府官员,也不一定做不好企业领导。但是很多时候,这些口头禅会削弱你对别人的影响力。2009年年初,希拉里·克林顿(Hillary Rodham Clinton)成为美国国务卿,并因此空出了她之前担任的纽约州参议员的职位,卡罗琳·肯尼迪表示出了对这一空缺的兴趣。媒体对卡罗琳的表现大肆嘲讽,因为她习惯在讲话时说很多"嗯"、"啊"、"是吧"之类的口头禅。在一段只有两分钟的访谈中,她居然说了30多次"是吧"。从她的讲话里挑口头禅,成了博客作者和电台脱口秀主持人的谈资和笑料。她很快放弃了努力,加上其他不为人知的原因,她打消了竞选参议员的念头。

为避免口头禅影响你的演讲，这里提供三种办法帮你丢掉它们：

- **询问反馈意见**。你的大多数同事都怕得罪你。当有人向我征求意见时，只要我看到了他真正需要提高的地方，我就会毫不留情地指出来。与此同时，就像大多数人那样，即便我特别想说一些话来提高某个人的演讲水平，但要是他不问我的话，我也不会主动说。与之类似，你的大部分家人、朋友和同事都会因为怕"羞辱"你而不敢提出批评意见，所以他们是不会主动对你说"你的口头禅很讨厌"的。如果卡罗琳向别人征求过意见的话，有人可能就会坦率地说："卡罗琳，在你向州长毛遂自荐争取纽约州参议员的职位之前，我们需要研究一下你该如何回答提问。你的答案必须具体、让人有所启发，而且不能夹杂日常对话中的口头禅。"
- **敲杯子**。我想到这个主意完全是偶然，但是这个办法的效果非常好。我当时正在帮助一位女性排练一场演讲，我注意到她每说一个词就会夹杂一个"啊"或者"嗯"。这些口头禅特别容易让人分心，于是我对她说，她每说一次口头禅，我就用勺子敲一下杯子。我敲杯子的声音此起彼伏、异常讨厌，这促使她几乎马上丢掉了所有口头禅。自从那次之后，我又多次使用过这种方法，屡试不爽。当然，这种方法需要另一个人听你演讲，在你练习的时候帮你敲杯子。
- **为自己录像，然后和其他人一起观看**。如果你真的想提高演讲水平，就应该给自己录像，并且和其他人一起观看。你不需要全程录像，只录开始的那5分钟就足以提供你需要的信息了。你可能会为自己使用口头禅的频率而感到震惊。对于大多数人来讲，看看自己的录像就能够克服一些毛病。如果

> 别人也能给你挑出一些你自己容易忽略的毛病的话，这种看录像的方法就更有效了。
>
> 偶尔说一些"嗯""啊"不会削弱你的说服力，但是一直向观众进行口头禅轰炸，就会极大地破坏你努力的结果。好消息是，一旦你认识到这个问题，你就能用这里提供的建议轻松改掉这个毛病了。

练习即兴反应的 5 个步骤

随着经济逐步陷入衰退的泥潭，要想在 2009 年推出一款新车可不是什么容易的事，但是汽车公司不可能放弃几年前就开始着手的设计和计划。2010 年 1 月，我和一些汽车工业的公司高管对话，公司指定他们担任即将在北美展会上推出的新车型的发言人，他们正在为如何回答媒体尖锐的提问征求建议。同一天，尚未正式就职的美国国务卿希拉里·克林顿在一场参议院外交事务委员会的听证会上接受质询。美联社的报道称希拉里的表现非常"优雅、流畅"，美国全国广播公司的记者汤姆·布罗考（Tom Brokaw）说希拉里以她"传奇般"的准备著称。我告诉那些汽车高管，可以用希拉里在准备自己的 5 小时听证会时使用的方法，为棘手的提问做准备。

这是一种我称之为"桶装法"的技巧，所有首席执行官、政客以及乔布斯（他看起来对每一个问题都有准备好的答案）都能以某种形式使用这种方法。在任何一种可能遇到尖锐提问的场合，比如演讲、推销会、电话销售等，你都可以用这种方法来做准备。

1. 想一些可能被问及的最常见的问题。希拉里预见到了一个关于她丈夫的国际基金会及其捐赠者的问题，批评者已经广泛讨论过这个话题了，并认为对于她的委任会造成个人利益和国家利益之间的冲突。她也知道彼时世界上的热点区域都会成为攻击她的焦点话题：加沙地带、伊朗、伊拉克、巴基斯坦等。对于那些汽车业高管来说，最常见的问题和这些差不多："在这种经济形势下，你觉得能卖出几部车"，或者"2009年对于汽车工业来说会不会更糟糕"。

2. 把这些问题放进一个个"桶"里，或者说进行分类。有一些桶里可能只有一个问题，比如关于克林顿基金会的问题就只有一个；有一些桶里可能会有好几个问题，比如关于经济形势和汽车制造商的问题就不止一个。这么做的意义在于减少你必须要准备的问题的数量。往桶里分装问题的过程比较复杂，但是从我培训成千上万人准备演讲的经验来看，大多数问题可以分装到差不多7个桶里。

3. 为一个类型的问题准备一个最精彩的回答。这一点非常关键，不管提问的方式如何，这个答案必须讲得通。你不能让提问的具体用词把你卷入对于细节的讨论中。例如，以下是希拉里对关于她丈夫筹款行为的问题做出的回答："我很荣幸能够获选总统提名的国务卿，对于我丈夫和克林顿基金会以及他不懈的努力所取得的成就，我也感到十分骄傲。"不管共和党的参议院提出的问题多么具体，她都会给出与刚才这句一模一样的答案。

4. 仔细听问题，抓住关键词，也就是一个触发点，它能帮你确定应该从哪个桶里找到答案。

5. 直视提问人的眼睛，自信地回答。

准备充分的演讲者不会背诵成百上千个可能问题的答案，相反，他们会为各类问题准备答案。提问的具体措辞是次要的，你可以这样理解：你的目标是在演讲之中再做一次小演讲。

你可以用这种"桶装法"对问题进行一些对你有利的改造。我们假定你的产品比竞争对手提供的类似产品的售价要高一些，又假定高价背后有合理的原因。提问的方式并不重要，重要的是你为这一类关于"价格"问题准备的答案。对话有可能是这样的：

顾客：你们这款产品我从甲公司也能买到，但是为什么一样的东西你们的价格要比别人高10%呢？

你：你说的是一个价格问题。（这里"价格高"的措辞就触发你使用为"价格"问题准备的答案。尽管消费者的措辞和你想的不一样，但是也能引导你使用之前准备好的答案。）我们相信我们产品的售价是有竞争力的，特别是对于这样一款能够为客户平均增收30%的产品而言。请记住，我们拥有业界最好的服务团队，这就意味着当你需要帮助时，你一定会得到帮助，我们的团队24小时随时为您服务。而我们的竞争者没有一个能做出这样的承诺。

我认识一位大型上市公司的首席执行官，他非常善于使用这种方法。比如，在一次让人头疼的会议上，一位分析师请他回应该公司最大的竞争对手对于他们的一些负面评论。"竞争"就是他找到的关键词，这位首席执行官微笑着自信地回答："我们对于竞争的看法和其他人不一样。我们要有格调地参与游戏。我们通过向顾客提供更好的服务来竞争，我们和顾客分享关于行业走向的看法。随着我们日益强大，我们看见更多的竞争者进入市场，这是成为行业领袖过程中的一部分。"通过这样的回答，这位首席执行官回应了竞争对手的评论，转移了话题，凸显了他的公司的领军地位。

曾任美国国务卿的亨利·基辛格（Henry Kissinger）被问及他如何应对媒体的提问时，他回答："对于我的答案，你们准备了什么样的问题？"他早已经把答案准备好了，不管你问什么样的问题，都是这些答案。媒体是苛刻的观众，最近这些年，你的顾客变得更加苛刻了，不要让那些令人难受的问题把你踢出局。

克服紧张的解药

避免怯场的最好办法就是拼命地练习：知道要说什么、什么时候说以及怎么说。有太多的人在演讲时过于关注自我，这样就导致他们更加紧张，他们会想："我的衬衫是不是皱了？第三排那个人在想什么呢？"换句话说，他们只想到了自己。不要这样，要从"我"走向"我们"，把关注点转向这里：你的产品或服务对于听众的生活来说意味着什么？而且，对于自己的准备要有信心。我曾经和几位身家百万美元（甚至几十亿美元）的高管一起工作。你猜怎么着？他们面对人群演讲时也会紧张。人的神经有趣的地方就在于，你练习得越多，它就越不会紧张。

我认识一位世界著名的商界领袖，他每到重大演讲之前都会变得很紧张。他以近乎极端的准备来克服这一点：他熟知每一张幻灯片上的内容，确切知道自己要说什么；他会提前到达现场，这样他就能检测一下音响、投影，还要演示一下幻灯片；这位高管甚至知道舞台上的灯在哪里，所以他从不会跑到阴影中去。这就是准备！他可能会感到紧张，但是在演讲之前充足的练习让他信心满满，而且，他被视为美国商界最优秀的演讲者之一。

高尔夫运动员维杰·辛格（Vijay Singh）为了准备一场巡回赛，每天挥杆几千次；奥运会金牌专业户迈克尔·菲尔普斯（Michael Phelps）为了一场比赛每周要游 50 英里；乔布斯在主题演讲之前要花大量时间精心排练。各行业的巨星从不靠运气做事。如果你想让观众陶醉，就马上开始练习吧！

导演手记

- 练习、练习、再练习。不要视任何事为理所当然，而应该检查每一张幻灯片、每一次演示、每一条关键信息，确切地知道你该说些什么、什么时候说，以及怎么说。

- 为你的演讲录像。花几百美元买一部摄像机为自己录像。你不需要把整个演讲都录下来，前 5 分钟就能提供足够的信息。寻找那些让人分心的肢体语言和口头禅。可能的话，和别人一起观看录像。

- 运用"桶装法"为尖锐的问题做好准备。你会发现大多数问题都可以被归为 7 个类别之一。

第 16 场 | 得体的舞台服装

> 很难想象,一家市值 20 亿美元、拥有 4 300 多名员工的公司竟然无法和由 6 个穿蓝色牛仔裤的人组成的公司抗衡。
> ——乔布斯,在辞职后创建 NeXT 公司并遭到苹果公司起诉时的回应

乔布斯与雪儿(Cher)的舞台风格迥然不同。在她的拉斯韦加斯演唱会上,雪儿和给她伴舞的演员一共换了 140 多套服装,而乔布斯每次出场都穿同样的衣服。演讲的时候,乔布斯永远是上身穿一件黑色半高圆领衫,下身穿一条褪色的蓝牛仔裤,脚蹬一双白色运动鞋。如果你想了解得再具体点,他穿的是圣·克罗伊牌上衣、李维斯 501 蓝色牛仔裤、新百伦牌慢跑鞋。这些并不重要,因为你不会跟他穿得一样。他能这样穿是因为他是乔布斯,而你不是。当你成为一个商界传奇,被公认重塑了整个计算机行业时,你就可以爱怎么穿就怎么穿。

尽管大多数人都很熟悉乔布斯黑色圆领衫、蓝色牛仔裤的穿衣风格(在 2008 年播出的一集《辛普森一家》里出现了乔布斯的角色,制作者也给这个动画形象穿上了黑色圆领衫、蓝色牛仔裤),但他并非一直都穿成这样。当乔布斯年轻的时候,为了让投资者和公众正眼相待,他的穿着比现在保守得多。1984 年的乔布斯和 2009 年的乔布斯看起来很不一样。1984 年 2 月,

乔布斯的魔力演讲
The Presentation Secrets of Steve Jobs

在Macworld杂志的创刊号封面上,乔布斯站在一张桌子后面,桌子上摆着三台第一代麦金塔电脑。他穿着一件棕色细条纹西装上衣、系着棕色领带,里面穿着白色衬衫。是的,乔布斯曾经穿过细条纹西装。当他发布麦金塔电脑的时候,在演讲现场的穿着更为保守——白色衬衫、灰色裤子、深蓝色双襟西装上衣、绿色领结。想象一下,乔布斯居然打了领结!没错,这是真的。

乔布斯很聪明,他的着装总能反映他所追求的领袖气质,他很了解服装能够留给人们什么印象。在乔布斯离开苹果公司的那段时间,他为自己创办的新公司NeXT向美国银行融资。NeXT公司的市场部主管丹尼尔·莱文穿着蓝色牛仔裤来到乔布斯的住所,陪同乔布斯参加这次会议。乔布斯出门时穿着从威尔克斯·巴士福德服装店购买的一套昂贵的布莱奥尼西装。"嘿,"乔布斯说,"我们今天可是要去银行啊!"对于乔布斯来说,在办公室里穿牛仔裤合适,但是去银行就不太合适。现在你可能有些困惑。乔布斯穿西装去银行,在办公室里穿牛仔裤。我们能从中学到什么呢?一位真正的战斗英雄,前美国陆军突击队队员马特·埃弗斯曼(Matt Eversmann)曾经对我说过一条我听过的关于着装的最佳建议。埃弗斯曼曾在1993年10月带领部队在索马里首都摩加迪沙激烈地作战,这次战斗后来被拍成了一部电影,名为《黑鹰坠落》(Black Hawk Down)。我在一次商业会议上和埃弗斯曼结识,向他请教了一些关于如何提升领导力的建议,以便和读者分享。埃弗斯曼告诉我,伟大的领袖会比任何人都穿得好一点儿。他说如果他是第一次与某一位下属会面,他的鞋会擦得更亮,白衬衫会更白,裤子会熨烫得更平整。

我从没有忘记这条建议。后来我采访了乔治·奇默(George Zimmer),男士衣橱服装连锁店的创办人。奇默同意埃弗斯曼的观点,同时补充道:"要和场合相适应。"这是有道理的:你不会穿着通常在办公室穿的衣服去参加公司的野营活动。还有,不同的公司有不同的公司文化。苹果公司是反叛的、创新的象征,致力于"非同凡'想'",所以苹果公司的员工穿着随意一些就没有关系,但华尔街的高管就不能这么穿了。

当你已经发明了改变世界的产品的时候,我们就可以随意穿着了。但

▷ 第16场 | 得体的舞台服装

是现在，这才是你能听到的最好的着装建议：永远要比所有人都穿得好一点儿，同时注意场合。

> **导演手记**
>
> - 像自己想成为的领袖那样穿衣服，而不要考虑你现在所处的职位。伟大的领袖总比房间里的每一个人都穿得好一点儿。记住，当乔布斯去银行融资时，他穿了昂贵的西装。
>
> - 在不同场合，穿着要得体。乔布斯穿黑色圆领衫、蓝色牛仔裤、运动鞋没有问题，因为他的公司的一切都建立在突破现有概念的基础之上。
>
> - 如果你想穿得像个叛逆者，就要穿得像个有钱的叛逆者。乔布斯穿圣·克罗伊牌的上衣，也许看起来只是一件黑色T恤衫，但至少它价格不菲。[1]

---

[1] 圣·克罗伊牌的T恤售价折合成人民币，价格为1 000~2 000元。——译者注

■ 第 17 场 | 扔掉演讲稿

> 要成为卓越的代名词,而有些人却不能适应那种追求卓越的环境。
>
> ——史蒂夫·乔布斯

对于喜欢聊天而不是讲座的 21 世纪的观众来说,乔布斯是个完美的演讲者。他有一种随意的讲话风格,一种源自数小时练习的轻松、随意——练习使他能够基本脱稿演讲。在现场演示的时候,乔布斯小心地把演讲稿藏在观众不容易看到的地方,但是从来不会一个字一个字地照着读。这些演讲稿对下一步的演示起到提词卡片的作用。乔布斯在他演讲的大部分时间里都不会借助演讲稿。

就像前文中谈到的那样,大多数演讲者会制作"幻灯文件":把文件做成幻灯片的样子。幻灯文件对于那些照着幻灯片逐字朗读的平庸演讲者来说就是一根拐杖,而且他们在朗读幻灯文件时还经常背对观众。乔布斯确实有一个演讲稿,但是大部分都在他的脑袋里。他的幻灯片,那些极具视觉冲击力的幻灯片,起到的是提词卡片的作用。每一页幻灯片上都有且只有一个关键信息。

在 2008 年 Macworld 大会上,当乔布斯在欢呼时刻把 MacBook Air 从文件袋里掏出来之后，他更详细地介绍了这款笔记本电脑。你能在表 17–1 中看到，他的幻灯片包含的文字很少，但是包含了足够多的信息，能够起到提词卡片的作用——一页幻灯片一个主题。

乔布斯继续解释说，MacBook Air 使用的处理器和苹果公司在所有其他笔记本电脑和 iMac 电脑中使用的处理器是相同的。英特尔公司攻克了难题，制造了比原来小 60% 但是性能同样强劲的芯片，乔布斯对此表示十分惊讶。随后，乔布斯把英特尔公司首席执行官保罗·欧德宁请上讲台，后者送给乔布斯一个这样的处理器。第一排后面的观众基本上看不见这个芯片，但是乔布斯用微笑点亮了整个礼堂。"这是超极棒的技术。"他说，毫不掩饰自己的兴奋之情（请看图 17–1）。

图 17–1　乔布斯拿起 MacBook Air 所用的超小英特尔处理器时，表现出了发自内心的兴奋之情

资料来源：Tony Avelar/AFP/Getty Images

表 17–1　乔布斯在 2008 年 Macworld 大会上的演讲幻灯片

乔布斯的演讲词	乔布斯的幻灯片
"它是世界上最薄的笔记本电脑。"	只有文字："世界上最薄的笔记本电脑"
"把它打开时你会发现它有一个磁扣,而没有那种会挂到你的衣服的钩子。"	电脑的照片,屏幕左边的文字是"磁扣"
"它有一个全尺寸的 13.3 英寸宽屏显示器。"	电脑的照片,在黑色的屏幕上标注着"13.3 英寸宽屏"
"显示器特别漂亮。它的显示器是 LED 背光的。屏幕很省电,很亮,而且在打开时马上就能点亮。"	电脑的图片,屏幕左边的文字是"LED 背光"
"在屏幕上方是一个内置的、用于视频会议的 iSight 摄像头,开机就能使用。"	电脑的图片淡出,突出显示屏幕上方的 iSight 摄像头
"这里有一个全尺寸键盘,这有可能是我们卖过的最好的笔记本电脑键盘了。它是非凡的键盘。"	键盘的特写,屏幕左方的文字是"全尺寸键盘"
"我们还有一个超美的触控板,非常好用,也能支持多点触控操作。"	触控板特写,屏幕左方的文字是"多点触控"
"再来一次,你可以看到这件产品有多美、多薄。那么这么小的机身是怎么装进麦金塔的呢?我们的工程团队居然能够把这个产品做出来,我现在都备感吃惊。"	电脑照片,旁边的文字是:"这么小的机身是怎么装进麦金塔的呢?"
"真正神奇的事情在电子技术方面。一块主板上装下了整个麦金塔。这有什么特殊的呢?这就是这块主板的大小(没有说铅笔,让图片自己说话)。它真的很小。能把完整的麦金塔装进这么小的一个东西里,真是惊人的成就。"	主板照片,并排放置了一支铅笔——主板长度比铅笔还短
"我们并没有在性能上妥协。MacBook Air 拥有英特尔酷睿 Ⅱ 双核处理器。这真是一款快速的处理器……速度快得惊人。"	英特尔酷睿 Ⅱ 双核处理器的照片

扔掉演讲稿的 5 个步骤

伟大的演员在登台之前要排练好几个月。如果演员拿着剧本上台，观众会马上一哄而散。我们对于演员的预期是：自然地说话，而不是背诵台词，但是他们恰恰就是在背诵台词。你的观众对你也有同样的预期：讲话自然流畅，每一点都击中要害，但是不能长篇大论地讲述。以下 5 个步骤能够帮你记住演讲稿，同时让你看起来和才华横溢的演员或者乔布斯那样的演讲家表现得一样自然。

1. 在"演讲者注释"部分，把你的演讲稿用完整的句子写下来。现在还不是进行大规模编辑的时候。把你的观点用完整的句子写下来，但是，表达一个观点时尽量不要超过四五个句子。

2. 把每一句话的关键词用下划线或不同颜色的笔标示出来，然后开始练习演讲。别担心说错或忘词，把整个演讲稿练习几遍。可以通过扫视关键词来回忆。

3. 把多余的文字从讲稿中删除，只留下关键词。再一次练习你的演讲，这次只通过这些关键词来记忆。

4. 记住每张幻灯片的唯一主题。问自己："关于这张幻灯片，我想让观众记住的唯一一点是什么？"幻灯上的图片应该能够对这个主题做补充说明。在这种情况下，让图片成为你的提词卡片。比如，当乔布斯说 MacBook Air 的标配处理器是英特尔酷睿Ⅱ双核时，幻灯片上只显示一张处理器的照片。他想让观众记住的那件事就是苹果公司制造了一款超薄电脑，但性能却没有打折扣。

5. 不借助笔记，练习整场演讲，只用幻灯片作为提示。当你完成这 5 个步骤后，你还需要再完整排练 4 次。这已经比普通演讲者在准备上投入的时间多得多了。

现在，让我们实际演练一下这 5 个步骤。我无意中看到了一则先锋集团的零手续共同基金的广告。画面上有两杯水，左边的杯中只有很少的水，右边杯子的水则是满的。广告词是："费用越低，收益越高。"这种类型的广告是制作引人注目的幻灯片的绝佳范例。表 17–2 里是按照刚才那 5 个步骤写的一个演示文本。（我根据先锋基金的营销材料创作了这段内容。）

表 17–2　扔掉演讲稿的 5 个步骤

步骤	演讲稿
1	你投资的成本有多高，这非常重要，它有可能影响长期的投资结果。通常来说，成本越低，收益越高。很多投资机构说他们的费用很低，但实际上，他们收的钱比我们多 6 倍。这会花掉你几千美元。比如，如果你用 1 万美元投资 20 年，年收益为 8%，购买我们的基金，你的收益最后会比行业平均值多出 58 000 美元。
2	你的投资成本非常重要，它有可能影响长期的投资结果。通常来说，成本越低，收益越高。很多投资机构说他们的费用很低，但实际上，他们收的钱比我们多 6 倍。这会花掉你几千美元。比如，如果你用 1 万美元投资 20 年，年收益为 8%，购买我们的基金，你的收益最后会比行业平均值多出 58 000 美元。
3	投资成本非常重要，成本越低，收益越高，收费是我们的 6 倍多，我们基金的收益多出 58 000 美元。
4	成本越低，收益越高。
5	脱稿排练。两个水杯——一杯装少量水，一杯装满水。幻灯片应该足以提示你说清楚第三步的四个关键点。

当你最后开始演讲时，如果提词卡片能让你放心，那么不管怎么说，都可以将它带在身边。苹果公司 Keynote 演示软件的一个主要好处是，它能让演讲者在电脑屏幕上看到笔记，而观众只能看到投影屏幕上的幻灯片。这一点用 PPT 很难做到，但也不是不可能。然而，不管你使用的是什么软件，只要你练习得足够充分，你会发现自己根本用不着演讲稿。

如何使用提词卡片？

提词卡片本身并不是坏事。一位博主偶然看到了乔布斯如何使用提词卡片，他还拍了一张 2007 年 Macworld 大会演讲上乔布斯使用的提词卡片的照片，这次大会因为发布 iPhone 而闻名于世。这些提词卡片很整齐地钉在一起，彩色的标签把各个部分分开。在这位博主拍的照片中，这个小册子翻到了乔布斯演示 iPhone 的互联网功能的那一页。4 个部分用粗体和大字清晰地标注着：邮件、Safari 浏览器、小程序、地图。在每一个主要门类下，有 2~5 个信息点。让我们研究一个具体的例子——地图这一部分。以下就是"地图"部分的内容，和当时印在那一页上的文字分毫不差。

地图

- 西莫斯克尼会议中心
- 星巴克 4 000 杯拿铁外卖
- 华盛顿纪念碑
- 显示卫星
- 埃菲尔铁塔、罗马竞技场

这些就是乔布斯为观众进行整整一个部分的演讲所需要的全部提示。

开始的时候，乔布斯告诉他的观众，他想给他们展示一件"真正不可思议"的东西——iPhone 上的 Google 地图。首先，他打开这个软件，放大，直到能看清旧金山西莫斯克尼会议中心附近的街道，这里是 Macworld 大会的举办地。

他做的第二件事是输入"星巴克"来查找附近的星巴克咖啡店。然后他给一家星巴克打了电话，玩了一下我们在第 12 场讨论过的恶作剧，点了 4 000 杯咖啡外卖。（我在看到乔布斯的提词卡片之前，一直不知道这个咖啡恶作剧是事先安排好的。他表现得就像即兴想起的一样，非常自然。这也再一次证明了乔布斯不会把任何事当成理所当然。）

他做的第三件事，是游览华盛顿纪念碑，双击屏幕就能缩进。第四件事是他选择了卫星图模式，他向观众展示了华盛顿纪念碑的画面。他说："是不是难以置信？就在我的手机上啊！"之后他游览了埃菲尔铁塔和罗马竞技场，也显示了这两个地方的卫星图。他最后总结道："就在我的手机上观看卫星照片，让人难以置信，是不是棒极了？"乔布斯在演示时确实要依赖他的演讲稿，但是他已经练习得很纯熟了，所以只需要几个关键词的提示就可以完成一场精彩绝伦的演讲。

是的,乔布斯看起来就像和大家聊天一样自然,但是现在你应该已经明白了,要想做到这一点,需要大量的练习,并且练习的方式也很重要。把幻灯片作为远程提词卡片来使用,坚持一页幻灯片上只有一个主题和几个小要点。如果你忘记了一些小要点,你至少还能记得主题。最后,扔掉演讲稿。提词卡片会妨碍你和观众之间进行情感沟通,破坏演讲的体验。戏剧艺术能够把一场普通的演讲变成引人注目的活动,演讲稿则是一个障碍。

乔尔·奥斯廷如何鼓舞百万听众?

乔尔·奥斯廷(Joel Osteen)是休斯敦莱克伍德教堂广受欢迎的牧师。他一周要给47 000名亲自来拜访他的人传道,另外还有几百万人在电视上收看他的传道节目。奥斯廷传道不是单纯地赞美上帝,多数情况下,它是宗教学、心理学以及当代科学理念的有机结合,是对健康生活方式的积极倡导。奥斯廷讲话自然,语言风趣幽默且掷地有声。他一丝不苟,尽管每周都要做30分钟的节目。他是怎么做到的呢?首先,他全神贯注。奥斯廷于传道前4天,也就是每周三就开始准备和练习。其次,他运用注释,但只是小心地瞥一眼,听众不易觉察。他将注释放在一张讲台上,但他从不站在讲台后面。这种方法可以让他与听众保持目光接触,并保持一种开放的姿态。他从来不会逐字逐句地阅读注释上完整的句子,相反,他走到讲台后面,瞥一下注释,继续行走,一直走到讲台的另一端,将他对神的理解直接传递给信徒。

导演手记

- 一般不要使用提词卡片，除非在需要一步步操作的特殊情况下，比如产品演示环节。

- 当你需要使用提词卡片时，一张卡片或一张纸上包含的要点最好不要超过三四个。一张幻灯片对应一张卡片。如果你使用的是Keynote软件或PPT软件的演讲者视图模式，那么一页幻灯片的要点不要超过三四个，一个则更好。

- 在幻灯片上使用图片来提示你想表达的唯一主题——一条关键的信息。记住，每页幻灯片只有一个主题。

第 18 场 | 享受演讲的乐趣

> 人人都想拥有一台 MacBook Pro 电脑,因为它太酷了。
>
> ——史蒂夫·乔布斯

2002 年,Mac OS X 操作系统刚刚出炉,苹果公司正在努力争取更多的顾客和开发者的支持。乔布斯决定在苹果公司全球开发者大会上一劳永逸地终结这个问题,真的是名副其实的"终结"。

在演讲开始的时候,乔布斯并没有上台。风琴奏响哀伤的乐曲,白烟缭绕,一具棺木从舞台地板下方缓缓升起。乔布斯从幕布后面走出来,缓缓走向棺材,掀起盖子,把一套放大的 OS 9 操作系统从里面取出来。OS 9 操作系统是苹果公司的上一代操作系统,观众马上心领神会,开始大笑、鼓掌。

乔布斯一本正经、非常投入地继续开玩笑。他让那套 OS 9 操作系统躺在棺材上,然后拿出悼词,开始追悼这版软件:

> Mac OS 9 系统是我们所有人的朋友。他为我们不知疲倦地工作,不断读写我们的应用软件,从来不违背任何一条指令,随时响应我们的操作,尽管偶尔他会忘记自己是谁,需要重新启动。他在 1998 年 10 月来到这个世界……我们今天聚在这里沉痛哀悼故去的 OS 9。他现在在天

乔布斯的魔力演讲
The Presentation Secrets of Steve Jobs

空中那个巨大的比特桶①里，无疑正微笑着俯视我们，就像他每次启动时露出微笑那样。Mac OS 9 的生命，由他的下一代 Mac OS X 来延续……请大家和我一起，为我们的老朋友 Mac OS 9 默哀。

乔布斯又走到棺材旁边，把盒子放回去，合上棺材盖，轻轻地在上面放了一朵玫瑰花。这一表演很成功，乔布斯把自己想表达的观点表达清楚了，在过程中还享受到不少乐趣。

乔布斯在演讲的时候很幽默。尽管要长时间地计划和准备、不断地练习，尽管他会近乎偏执地把精力全部投入进去，确保每一页幻灯片、每一次演示都恰到好处，尽管有时候也会出一些差错，但是乔布斯不会为这些小事烦恼。他会乐在其中，不管演示进行得顺利与否。

乔布斯在 2007 年 Macworld 大会上描述 iPhone 的市场前景时这样说道："让我们看一下这个市场有多大……"突然间，他的幻灯片不能切换了。"我的演示遥控器不管用了，"他说，一边说一边走向舞台右侧检查电脑，这时候幻灯片看起来又能切换了，"哦，也许又好用了。不，还是不能用。"乔布斯拿起了另一个遥控器，但是这一个也不行。他微笑着说道："遥控器不能用了。后台现在肯定已经乱作一团了。"观众们笑了，又过了几秒，遥控器的问题还是没有解决，这时乔布斯停了下来，微笑着给大家讲了一个故事。

> 你们知道吗？这让我想起了一件事。当我上高中的时候，沃兹尼亚克和我——主要是他，制作了一个小装置，叫"电视干扰器"。它是一个小的振荡器，发出的频率会干扰电视信号。沃兹尼亚克把它装在口袋里，跑到伯克利的学校宿舍里。一群学生正在看《星球大战》，他去干扰电视信号。这时就有人想去看看是怎么回事，他们刚一起身，他就让电视恢复正常，之后再继续干扰。5 分钟之内，他让一个人不停做出这

---

① 这里的"比特桶"一词对应的英文原文是 bit bucket，在国内至今没有对应的词汇，这里翻译成"比特桶"。bit bucket 是一个计算机术语，用来描述以各种方式丢失的计算机数据在丢失后所处的地方。任何数据，不管是在传输过程中还是在计算机死机时丢失，只要是没了，就说它们跑到 bit bucket 里去了。——译者注

种姿势（扭曲他的身体，见图18–1）……好了，看起来现在好像恢复正常了。

图 18–1　乔布斯讲述他和沃兹尼亚克搞过的恶作剧

资料来源：Tony Avelar/AFP/Getty Images

在这个一分钟的故事里，乔布斯展示了他个性中不为人知的一面。这让他更加有人情味，更引人注目，也更加自然。他从来不会慌张，而我却见过一些经验丰富的演讲者如何因为细小的问题而完全乱了阵脚。

有一位YouTube用户上传了一段5分钟的视频剪辑，内容是几十段乔布斯演讲中出现的"状况"。考虑到乔布斯事无巨细地练习演讲的程度，出状况的次数令人惊讶。这段视频证明，即使是最精密的计划，也会时不时地偏离方向：某张幻灯片可能无法正常切换，可能出现错误，演示也有可能不顺畅。这些事情会发生在那些准备得最充分的演讲者身上，并且，它们很可能也多半会在某一时刻发生在你身上。

平庸的演讲者和乔布斯那样伟大的演讲者之间的区别在于，当演讲不能按计划进行时，乔布斯会以非常酷的自信做出反应。如果有些设备不正常了，乔布斯不会不停地摆弄，把观众的注意力都吸引到问题上来。他会微笑，开玩笑，向观众解释他们应该看到的是什么，然后继续演讲。

不必庸人自扰

在2008年Macworld大会上演示Apple TV时，乔布斯现场连接了一个图片分享网站Flickr。乔布斯选取了几个类别，向大家展示这些照片是怎样从网站上传输过来的。他是在客厅的宽屏电视上为大家展示的，不幸的是，屏幕变黑了。乔布斯花了大概20秒试图找回那些图片，但却没有成功，于是他转向观众，微笑着说："嗯，恐怕Flickr今天是不会让我们看到那张图片了。"

舞台上的乔布斯不会因为任何事情烦躁不安。相反，他会承认出了问题，然后继续演讲，总结内容，享受乐趣。他在总结Apple TV的演示时说："这些东西都可以在你的宽屏电视上实现：电影、电视剧、音乐、播客、来自Mac网站的图片，当他们解决了图片服务的问题后，还有来自Flickr的图片！那么，这就是今天我想给大家展示的内容。是不是不可思议？"乔布斯永远不会丧失他的热情。这次演示也许没有完美地进行，但是这不会影响他对产品的喜爱。

不管你准备得多么充分，有些事情可能也会偏离你计划的方向。注意我并没有说有些事情会"搞砸"。只有当你把观众的注意力都吸引到问题上来，或者让这个问题毁掉余下的演讲时，才算是"搞砸"。人们来到这里是听你演讲的，是来了解那些可能改善他们生活的新产品、新服务和创举的。

当演示不能按照乔布斯的计划顺利进行时，他从来不会因此而"不酷"。他会说一些这样的话，"哦，这不是我想要的"，或者"伙计们，我这里需要一些帮助，这玩意不管用了"。他会花一点儿时间让一切恢复正常，而且他会很冷静地这样做。

第18场 | 享受演讲的乐趣

在一次演讲中，乔布斯的数码照相机出了一点儿问题，于是他开了一个玩笑。他把照相机扔给前排的一位员工，对他说："我需要一个专家把它修好，这对于我来说难度太大了。它正常工作时还是挺棒的。"

想象一下观看滑冰运动员完成复杂舞蹈动作时的场景。你知道即使是最小的失误，都有可能让她屁股着地。当这种情况真的发生时，你会紧张，但是你希望这位运动员能站起来继续完成整套动作，华丽收场。同样，作为你的观众，他们也会有如此反应。除了你之外，没有人要求你做到完美。你的观众会原谅你的失误，只要你能再次站起来。

在乔布斯请假做肝脏移植手术期间，关于乔布斯个人情况的报道铺天盖地。有的写他向外界透露了什么消息，有的讨论他应该跟大家透露多少以及是不是应该更早透露等问题。很明显，乔布斯被媒体搞烦了，他打电话给一些记者，责问他们对他个人隐私的报道。当博客作者和记者们乱成一团到处挖掘关于他病情的消息时，我惊讶地发现，乔布斯依然保持着他招牌式的幽默感。

2008年9月，乔布斯走上苹果公司全球开发者大会的讲台，他说道："早上好，感谢大家的到来。我们有一些非常令人兴奋的东西要和大家分享，但是在这之前，我想插一句话。"他指向身后的幻灯片，上面只有一句话："关于我离世的报道过于夸张了。""该说的都说了。"乔布斯告诉他的观众，然后立刻继续他的演讲。观众大笑，鼓掌。媒体和投资人当然希望得到更多信息，但这些就是乔布斯当时能告诉他们的全部，而且他还开了他们的玩笑。

娱乐活动开始了

大多数商业演讲者看不到这样的事实：他们的观众想要得到信息，也想要享受乐趣。乔布斯用娱乐的方式做演讲，他会告诉你一些新信息，并且让这个过程充满欢乐。这对于观众来说是最美妙的体验。大多数商业演讲者都不会微笑，也不会享受欢乐时刻，但是他们应该这样做。他们被"演示模式"困住了，失去了他们对于公司、产品和服务的热情。乔布斯上台的时候总带着灿烂的笑容，有时候会轻松地笑，有时候还会开一两个玩笑（经常拿微软公司开涮）。

2003年10月16日，乔布斯结束了对于和美国在线公司结成的新音乐联盟的讨论和对于iTunes新功能的解释。观众以为他已经讲完了，但是乔布斯还要谈论"另一个功能"。他说这是一个这样的功能："很多人认为我们永远不会添加这个功能，谁知道它真的发生了。"他指向幻灯片，上面写着："冰封地狱。"他说："我今天向大家报告，这已经发生了。"用这样的方式，他宣布了Windows版的iTunes诞生。乔布斯又说："Windows版的iTunes也许是史上最好的Windows软件了！"台下的观众激动不已，全场情绪高涨，乔布斯自己显然也很享受这一时刻。

苹果公司的联合创始人史蒂夫·沃兹尼亚克说过，他和乔布斯都热爱两样东西：电子产品和恶作剧。从20世纪70年代早期乔布斯和"沃兹"一起在家里的车库里制造电脑的时候起，乔布斯就有一种激情，想把个人电脑带给大众。我们在乔布斯的每一场演讲中都能遇见这个"幽灵"。乔布斯的演讲充满激情，令人兴奋，信息量大，而且最重要的是很有趣。从很多方面讲，他的演讲会拥有这些特质是十分自然的事，因为这就是他的生活方式。

当乔布斯在2009年请病假离开时，苹果公司的股价一路跳水，因为人们担心乔布斯的健康状况、让人兴奋的新产品的匮乏以及潜在的管理层变动。观察家们在怀疑，没有了乔布斯的苹果公司还能成功吗？

有一位分析师吴晓对这一点持有完全不同的意见，他认为没有了乔布斯的苹果公司也能繁荣，因为他的精神已经"体制化"了。吴晓说，苹果公司有一种不可思议的吸引力，能够吸引那些期望改变世界的勤劳的企业家。

《微电脑世界》（PC World）杂志说，乔布斯这位大师级演员已经把新产品发布会提升到艺术的高度，并且祝愿他早日康复，这样他就能重新领导公司，并再一次登上舞台。

30多年来，乔布斯向全世界展现了他的魔力。不管你是"苹果机Mac"还是"微软PC"，我们都应该感谢乔布斯给了我们一个机会，让我们登上了他的"魔法旋转船"（引自他最爱的音乐家鲍勃·迪伦）。这个旅程波澜壮阔，如果你仔细留意，乔布斯会帮助你更成功地推销你的想法，效果也将远远超乎你的想象。

> **导演手记**
>
> - 把演讲当作一种可以获取信息的娱乐活动。你的观众想得到信息，也想得到快乐。要享受演讲，观众能够看出来你是否享受。
>
> - 永远不要让大家把注意力都集中到出现的问题上，这没有任何好处。如果你的演讲出了小问题，不妨承认，微笑，继续演讲。如果问题根本不明显，就不要引起大家的注意。
>
> - 随机应变。当某些事情没有严格按照原计划进行时，并不是"搞砸"了，除非你让它破坏余下部分的演讲。想着大的目标，享受乐趣，不要老想着无足轻重的事。

The Presentation Secrets
of Steve Jobs

尾声

还有一件事

> 求知若渴，虚心若愚。
>
> ——史蒂夫·乔布斯

乔布斯一直保持着神秘感，他经常会在演讲结束之前告诉观众"还有一件事"。比如，2000年1月5日，在Macworld大会演讲结束前，他把即将返回苹果公司担任全职首席执行官（从头衔中去掉"临时"二字）的消息作为"另一件事"宣布。观众们喜爱并且期待的，正是这种惊喜。当然也不总是这样，由于他的观众知道有"另一件事"的存在，所以乔布斯并不是每次都这样做。如果大家都知道它会出现，惊喜就不再是惊喜了。

所以，按乔布斯的方式，我也想在本书讨论的结尾加上"还有一件事"。2005年6月12日，在一次胰腺癌手术后不久，乔布斯在斯坦福大学的毕业典礼上做了一次演讲。这是YouTube上最受欢迎的毕业典礼演讲之一，比其他名人所做的毕业典礼演讲要轰动得多，比如奥普拉、《最后一课》(The

Last Lecture）的作者兰迪·波许（Randy Pausch）和《哈利·波特》（Harry Potter）的作者J·K·罗琳（J·K·Rowling）。

乔布斯的商业演讲之所以能够让你感到震撼，是因为他使用了一些技巧。他在做这次毕业典礼演讲时，也使用了类似的技巧。那天唯一没有的东西就是幻灯片，其余的一切都是典型的乔布斯式演讲风格。我选取了一些片段来说明他是如何在新的演讲中应用他非凡的传递信息的技巧的。我也强烈建议读者到斯坦福大学的网站上观看他的整个演讲视频。

> 今天，我想给你们讲我生命中的三个故事。就这些，没什么多余内容，只有三个故事。

我们又一次看到，"事不过三"原则在乔布斯传递的信息中扮演了重要的角色。他通过告诉观众自己将会讲三个故事（不是一个或四个，而是三个），为他们画了一幅路线图。演讲的整体结构非常简单：开头、三个故事、结尾。

> 第一个故事，是关于如何把生命中的点点滴滴串联起来。

乔布斯开始讲三个故事中的第一个。这个故事是关于他只上了6个月就从里德大学退学的故事。乔布斯说一开始他很害怕，但是后来就释然了。因为他终于不必上那些他毫无兴趣的课，并能学习那些他感兴趣的课程，比如书法课了。10年后，他在麦金塔电脑里使用了优美的字体，"这些经历就这样在未来的生命中串联起来了"。

> 这些字体漂亮，有种古典美，以及一种科学所不能理解的艺术的微妙，我为此深深着迷。

乔布斯很早就发现了自己对于简洁和设计的热情。他找到了他的核心使命，一种改变世界的救世主般的激情，并且永不回头。和你的观众分享你的激情，这能够感染他们。

▷ 尾声

我的第二个故事是关于爱和失去的故事。

在这一部分，乔布斯谈到，和他的朋友沃兹一样，他在20多岁的时候爱上了电脑。他还谈到自己用10年时间建立起市值为20亿美元的苹果公司，以及后来在30岁的时候被苹果公司董事会开除的经历。

我相信让我前进的唯一动力就是我热爱我的事业。你也必须找到你热爱的东西。

激情再次成为乔布斯生命的主题。乔布斯坚信他之所以能成功，是因为他追随了自己的内心，追随了自己真正的激情。这一点非常有道理。记住，如果你对于你要讲的东西没有真正的热情，那么乔布斯的任何演讲技巧对于你来说都无效。找到一件事，它让你如此热爱，以至于你等不到太阳升起就想把它从头再做一遍。一旦你找到了，你就找到了你真正的事业。

我的第三个故事是关于死亡的。

这句话开启了整个演讲最感人的部分。乔布斯回忆了医生告诉他得了胰腺癌的那一天，医生认为他只能活3~6个月。乔布斯后来发现，他患的癌症是一种非常罕见的可以治愈的类型，但是这段经历深深地影响了他。

没有人想死。即便是想去天堂的人，也想活着到达那里。

乔布斯喜欢开玩笑，他用这种方式把幽默和关于疾病的话题联系起来。

你的时间有限，所以不要浪费时间去重复别人的生活。不要被教条束缚，因为那样你就是在按照别人的想法生活。不要让他人意见的噪声淹没你内心的声音。

这一段使用了一种有力的英语修辞方法——首语重复，即在连续的句子中重复使用相同的单词或词组。想想马丁·路德·金的那段演讲："我有一个梦想……我有一个梦想……今天我有一个梦想"。伟大的政治演说家，从丘吉尔到金，从里根到奥巴马，都使用过首语重复的方法来进行强有力的论证。就像乔布斯展示的那样，这种经典的句子结构不是政治家的专利。任何一个想要打动观众的人都可以使用这种方法。

并且最重要的是，有勇气追随自己的内心和直觉。它们已经知道了你真正想要成为什么样的人……求知若渴，虚心若愚。

乔布斯以他的标题、主旨和建议——求知若渴，虚心若愚，结束了整个演讲。就像我们已经讨论过的，乔布斯会在演讲中将主旨重复几次，他在这次毕业典礼演讲的最后一个段落中将"求知若渴，虚心若愚"重复了三次。

乔布斯的演讲诠释了他作为商人和演说家成功的秘密：做你爱做的，把挫折视作机遇，专注而充满激情地追求卓越。不管是设计新电脑、推出新产品、运营苹果公司、监管皮克斯，还是做一场演讲，乔布斯都坚信自己一生的选择。这是乔布斯最后教给我们的，同时也是最重要的一课——相信你自己和你的故事。乔布斯一辈子追随自己的内心，你也要追随你自己的内心，这样才能抓住观众，离乔布斯式的演讲更近一步。

The Presentation Secrets
of Steve Jobs

致谢

这本书是团队合作的产物。在我的家人、同事和麦格劳-希尔国际出版公司优秀员工们的帮助下，本书才得以成形。非常感谢我的编辑约翰·埃亨（John Aherne），感谢他的热情相助和建议。非常感谢肯尼亚·亨德森（Kenya Henderson），是他让这一切得以实现。麦格劳-希尔公司的设计、市场和公共关系部门的员工都是图书出版界数一数二的精英。本书探讨的内容能引起他们的兴趣，这令我感到非常荣幸。

我的妻子瓦妮莎经营着我们在加洛交流集团的事业。她为了准备这本书的初稿，不知疲倦地忙了很久。作为一个普通的地球人，我很难理解她是怎样做到在处理好我们的生意的同时，又照顾好两个孩子的。

非常感谢《商业周刊》网站的编辑尼克·雷博（Nick Leiber），他总能想到一些办法提高我的专栏的质量。我也要感谢一直鼓励我的经纪人，新英格兰出版公司的埃德·纳普曼（Ed Knappman）。论知识和视野，无人能出其右。

我也要感谢我的父母，佛朗哥和朱塞品娜，谢谢他们对我始终如一的支持。谢谢你们，提诺、唐娜、弗朗西斯科、尼克、帕蒂、肯等诸多亲朋好友，谢谢你们能够理解为什么有时候我不能陪在你们身边，不能在周末陪你们打高尔夫球。现在这本书出版了，我又可以挥杆继续原来的生活了。

我的宝贝女儿，约瑟芬和莱拉，你们是我灵感的源泉。我为了写书不在你们身边的时候，你们总是耐心地等我。为了感谢你们，我决定带你们去查克芝士儿童餐厅疯玩一次！

The Presentation Secrets of Steve Jobs

附录

TABLE 2.1 JOBS SELLING THE BENEFIT

DATE/PRODUCT	BENEFIT
January 7, 2003 Keynote presentation software	"Using Keynote is like having a professional graphics department to create your slides. This is the application to use when your presentation really counts."
September 12, 2006 iPod nano	"The all-new iPod nano gives music fans more of what they love in their iPods—twice the storage capacity at the same price, an incredible twenty-four-hour battery life, and a gorgeous aluminum design in five brilliant colors."
January 15, 2008 Time Capsule backup service for Macs running Leopard OS	"With Time Capsule, all your irreplaceable photos, movies, and documents are automatically protected and incredibly easy to retrieve if they are ever lost."
June 9, 2008 iPhone 3G	"Just one year after launching the iPhone, we're launching the new iPhone 3G. It's twice as fast at half the price."
September 9, 2008 Genius feature for iTunes	"Genius lets you automatically create playlists from songs in your music library that go great together, with just one click."

(中文表格见正文P25)

乔布斯的魔力演讲
The Presentation Secrets of Steve Jobs

TABLE 4.1 JOBS'S CONSISTENT HEADLINES FOR MACBOOK AIR

HEADLINE	SOURCE
"What is MacBook Air? In a sentence, it's the world's thinnest notebook."	Keynote presentation
"The world's thinnest notebook."	Words on Jobs's slide
"This is the MacBook Air. It's the thinnest notebook in the world."	Promoting the new notebook in a CNBC interview immediately after his keynote presentation
"We decided to build the world's thinnest notebook."	A second reference to MacBook Air in the same CNBC interview
"MacBook Air. The world's thinnest notebook."	Tagline that accompanied the full-screen photograph of the new product on Apple's home page
"Apple Introduces MacBook Air—The World's Thinnest Notebook."	Apple press release
"We've built the world's thinnest notebook."	Steve Jobs quote in the Apple press release

（中文表格见正文P42~43）

TABLE 6.1 JOBS'S iPHONE KEYNOTE PRESENTATION

STEVE'S WORDS	STEVE'S SLIDES
"The most advanced phones are called 'smartphones,' so they say."	Smartphone
"They typically combine a phone plus e-mail plus a baby Internet."	Smartphone Phone + Email + Internet
"The problem is they are not so smart and they are not so easy to use. They're really complicated. What we want to do is make a leapfrog product that is way smarter than any mobile device has ever been."	Smartphone Not so smart. Not so easy to use.
"So, we're going to reinvent the phone. We're going to start with a revolutionary user interface."	Revolutionary UI
"It is the result of years of research and development."	Revolutionary UI Years of research & development
"Why do we need a revolutionary user interface? Here are four smartphones: the Motorola Q, BlackBerry, Palm Treo, Nokia E62—the usual suspects."	Image of four existing smartphones: Motorola Q, BlackBerry, Palm Treo, and Nokia E62
"What's wrong with their user interface? The problem with them is in the bottom forty. It's this stuff right there [points to keyboards on the phones]. They all have these keyboards that are there whether you need them or not. And they all have these control	The top half of each image fades away, leaving just the bottom half—the keyboard

乔布斯的魔力演讲
The Presentation Secrets of Steve Jobs

TABLE 6.1   JOBS'S iPHONE KEYNOTE PRESENTATION (continued)

STEVE'S WORDS	STEVE'S SLIDES
buttons that are fixed in plastic and are the same for every application. Well, every application wants a slightly different user interface, a slightly optimized set of buttons just for it. And what happens if you think of a great idea six months from now? You can't add a button to these things. They're already shipped. So, what do you do?"	
"What we're going to do is get rid of all these buttons and just make a giant screen."	Image of iPhone
"How are we going to communicate with this? We don't want to carry around a mouse. So, what are we going to do? A stylus, right? We're going to use a stylus."	Image of iPhone on its side; a stylus fades in
"No [laughs]. Who wants a stylus? You have to get them out, put them away—you lose them. Yuck. Nobody wants a stylus."	Words appear next to image: Who wants a stylus?
"So, let's not use a stylus. We're going to use the best pointing device in the world—a pointing device that we're all born with. We're born with ten of them. We'll use our fingers."	Stylus fades out of frame as image of index finger appears next to iPhone
"We have invented a new technology called 'multi-touch,' which is phenomenal."	Finger fades out, and words appear: Multi-Touch
"It works like magic. You don't need a stylus. It's far more accurate than any touch display that's ever been shipped. It ignores unintended touches. It's supersmart. You can do multi-finger gestures on it, and boy have we patented it!" [laughter]	Words reveal upper right: Works like magic No stylus Far more accurate Ignores unintended touches Multi-finger gestures Patented

（中文表格见正文P67~68）

230

▷ 附录

TABLE 8.1 EXCERPTS FROM JOBS'S MACWORLD 2008 KEYNOTE

STEVE'S WORDS	STEVE'S SLIDES
"I just want to take a moment and look back to 2007. Two thousand seven was an extraordinary year for Apple. Some incredible new products: the amazing new iMac, the awesome new iPods, and of course the revolutionary iPhone. On top of that, Leopard and all of the other great software we shipped in 2007."	2007
"It was an extraordinary year for Apple, and I want to just take a moment to say thank you. We have had tremendous support by all of our customers, and we really, really appreciate it. So, thank you for an extraordinary 2007."	Thank you.
"I've got four things I'd like to talk to you about today, so let's get started. The first one is Leopard."	1
"I'm thrilled to report that we have delivered over five million copies of Leopard in the first ninety days. Unbelievable. It's the most successful release of Mac OS X ever."	5,000,000 copies delivered in first 3 months

（中文表格见正文 P95）

乔布斯的魔力演讲
The Presentation Secrets of Steve Jobs

TABLE 8.2   EXCERPTS FROM JOBS'S 2008 "LET'S ROCK" PRESENTATION

STEVE'S WORDS	STEVE'S SLIDES
"Good morning. Thank you for coming this morning. We have some really exciting stuff to share with you. Before we do, I just wanted to mention this [gestures toward screen]."	The reports of my death are greatly exaggerated.
"Enough said. So, let's get on with the real topic of this morning, which is music. We're going to talk about music today, and we've got a lot of fun, new offerings."	Music
"So, let's start with iTunes."	iTunes
"iTunes, of course, is the ubiquitous music and video player married with the largest online content store in the world."	Image of iTunes home page
"iTunes now offers over eight and a half million songs. It's amazing. We started with two hundred thousand. We now have over eight and a half million songs."	8,500,000 songs
"Over one hundred and twenty-five thousand podcasts."	125,000 podcasts
"Over thirty thousand episodes of TV shows."	30,000 episodes of 1,000 TV shows
"Twenty-six hundred Hollywood movies."	2,600 Hollywood movies
"And, as of very recently, we now offer over three thousand applications for iPhone and iPod Touch."	3,000 applications for iPhone & iPod Touch
"And over the years, we've built up a great customer base. We're very pleased to announce that we've got over sixty-five million accounts in iTunes now. It's fantastic: sixty-five million customers."	65,000,000 accounts with credit cards

（中文表格见正文P96~97）

232

TABLE 8.3 MORE EXCERPTS FROM JOBS'S 2008 "LET'S ROCK" PRESENTATION

STEVE'S WORDS	STEVE'S SLIDES
"We're introducing a new feature called Genius. Genius is pretty cool."	Genius
"What Genius does is automatically allow you to make playlists from songs in your music library that go great together, with just one click. It helps you rediscover music from your own music library and make great playlists that you probably wouldn't think of making any other way, and it really works well with just one click."	Automatically make playlists from songs in your library that go great together—with just one click
"So, that's what Genius is. Here's what it looks like. Let's say you're listening to a song—in my case, a Bob Dylan song."	Image of an iTunes library screen shot with a song highlighted
"There's a Genius button down here in the corner. You push that, and voilà—you've made a Genius playlist. In addition, you can bring up the Genius sidebar that makes recommendations from the iTunes store of music you might want to buy."	Animated circle appears and surrounds small Genius logo at bottom right of screen
"So, how does all this work? Well, we've got the iTunes store in the cloud, and we've added Genius algorithms to it."	Simple cloud line drawing with Genius logo inside
"So, you've got your music library. If you turn on Genius, it's going to send up information about your music library to iTunes so we can learn about your musical tastes. This information is sent completely anonymously."	Image of iTunes music library; arrow appears moving up from iTunes to cloud
"But it's not just information from you, because we are going to combine your information with the knowledge of millions of iTunes users as well."	Many images of iTunes music libraries appear alongside original
"And so, you're going to send your information up, and so are they."	Arrow up from original image to cloud, followed by more than a dozen arrows from other images

STEVE'S WORDS	STEVE'S SLIDES
"And as that happens, Genius just gets smarter, and smarter, and smarter."	Genius logo in cloud replaced with word "Smarter"
"Everybody benefits. When we send back down Genius results to you, they are tailored to your music library."	Arrow appears moving downward from cloud to iTunes library image
"So, automatically make playlists from songs in your library that go great together, with just one click. That's what Genius is about." [moves to demo]	

（中文表格见正文P100）

TABLE 8.4　JOBS'S WWDC 2008 KEYNOTE

STEVE'S WORDS	STEVE'S SLIDES
"As we arrive at iPhone's first birthday, we're going to take it to the next level."	Photo of birthday cake, with white frosting, strawberries, and one candle in the middle
"Today we're introducing the iPhone 3G. We've learned so much with the first iPhone. We've taken everything we've learned and more, and we've created the iPhone 3G. And it's beautiful."	iPhone 3G
"This is what it looks like [turns and gestures toward screen; audience laughs]. It's even thinner at the edges. It's really beautiful."	Side view of iPhone, so slim that it's hard to see on the slide and takes up very little space—an example of using empty space to communicate an idea
"It's got a full plastic back. It's really nice."	Full-screen view of the back
"Solid metal buttons."	Another side view of the device, where buttons are visible
"The same gorgeous 3.5-inch display."	Photo of front, showing display
"Camera."	Close-up photo of camera
"Flush headphone jack so you can use any headphones you like."	Close-up of headphone jack
"Improved audio. Dramatically improved audio."	Another photo from top of the device
"It's really, really great. And it feels even better in your hand, if you can believe it."	Returns to first side-view photo
"It's really quite wonderful. The iPhone 3G."	iPhone 3G

（中文表格见正文P102~103）

TABLE 8.5 DESCRIBING THE ENVIRONMENTALLY FRIENDLY MACBOOK

WHAT STEVE COULD HAVE SAID	WHAT STEVE ACTUALLY SAID
The new MacBook family meets the most stringent Energy Star standards and contains no brominated flame retardants. It uses only PVC-free internal cables and components and features energy-efficient LED-backlit displays that are mercury free.	"They are the industry's greenest notebooks."

（中文表格见正文P106）

TABLE 8.6 POSSIBLE VERSUS ACTUAL DESCRIPTIONS IN JOBS'S PRESENTATIONS

WHAT STEVE COULD HAVE SAID	WHAT STEVE ACTUALLY SAID
MacBook Air measures 0.16 inch at its thinnest point, with a maximum height of 0.76 inch.	"It's the world's thinnest notebook."
Time Capsule is an appliance combining an 802.11n base station with a server-grade hard disk that automatically backs up everything on one or more Macs running Leopard, the latest release of the Mac OS X operating system.	"With Time Capsule, plug it in, click a few buttons, and voilà—all the Macs in your house are backed up automatically."
Mac OS X features memory protection, pre-emptive multitasking, and symmetric multi-processing. It includes Apple's new Quartz 2D graphics engine based on the Internet-standard portable document format.	"Mac OS X is the most technically advanced personal computer operating system ever."

（中文表格见正文P106）

TABLE 8.7   BEFORE-AND-AFTER EXAMPLES FROM THE PLAIN ENGLISH CAMPAIGN

BEFORE	AFTER
If there are any points on which you require explanation or further particulars we shall be glad to furnish such additional details as may be required by telephone.	If you have any questions, please call.
High-quality learning environments are a necessary precondition for facilitation and enhancement of the ongoing learning process.	Children need good schools to learn properly.
It is important that you shall read the notes, advice and information detailed opposite then complete the form overleaf (all sections) prior to its immediate return to the Council by way of the envelope provided.	Please read the notes before you fill in the form. Then send it back to us as soon as possible in the envelope provided.

（中文表格见正文P107）

TABLE 10.1   LANGUAGE COMPLEXITY: STEVE JOBS VERSUS BILL GATES

PRESENTER/EVENT	STEVE JOBS, MACWORLD	BILL GATES, INTERNATIONAL CONSUMER ELECTRONICS SHOW
Jobs's 2007 Macworld Keynote and Gates's 2007 CES Keynote		
Average words/sentence	10.5	21.6
Lexical density	16.5%	21.0%
Hard words	2.9%	5.11%
Fog index	5.5	10.7
Jobs's 2008 Macworld Keynote and Gates's 2008 CES Keynote		
Average words/sentence	13.79	18.23
Lexical density	15.76%	24.52%
Hard words	3.18%	5.2%
Fog index	6.79	9.37

（中文表格见正文P118~119）

乔布斯的魔力演讲
The Presentation Secrets of Steve Jobs

TABLE 10.2 VERBIAGE IN GATES'S 2007 CES KEYNOTE VERSUS JOBS'S 2007 MACWORLD KEYNOTE

STEVE JOBS, 2007 MACWORLD	BILL GATES, 2007 INTERNATIONAL CONSUMER ELECTRONICS SHOW
"You know, it was just a year ago that I was up here and announced that we were going to switch to Intel processors. It was a huge heart transplant to Intel microprocessors. And I said that we would do it over the coming twelve months. We did it in seven months, and it's been the smoothest and most successful transition that we've ever seen in the history of our industry."	"The processors are now opening the memory capability up to 64-bit, and that's a transition we're making without a lot of incompatibility, without paying a lot of extra money. Software, the old 32-bit software, can run, but if you need to get more space, it's just there."
"Now I'd like to tell you a few things about iTunes that are pretty exciting . . . We are selling over five million songs a day now. Isn't that unbelievable? That's fifty-eight songs every second of every minute of every hour of every day."	"The process we've been through over this year—there was a beta 2—got out to over two million people. The release candidate, which was our last chance for feedback, got out to over five million. We had a lot of in-depth things where we went in and sat and interviewed people using Windows Vista in family situations. We did that in seven different countries. We did incredible performance simulation, getting over sixty years equivalent of performance testing with all the common mix of applications that were out there."
"We've got awesome TV shows on iTunes. As a matter of fact, we have over 350 TV shows that you can buy episodes from on iTunes. And I'm very pleased to report that we have now sold fifty million TV shows on iTunes. Isn't that incredible?"	"Microsoft Office has got a new user interface; it's got new ways of connecting up to Office Live services and SharePoint, but the discoverability of the richness is advanced dramatically by that user interface."

（中文表格见正文P119~120）

238

TABLE 10.3 SPECIFIC, CONCRETE, AND EMOTIONAL PHRASES IN JOBS'S PRESENTATIONS

EVENT	PHRASE
Apple Music Event, 2001	"The coolest thing about iPod is your entire music library fits in your pocket."
Introduction of the world's first seventeen-inch widescreen notebook, Macworld 2003	"I asked you to buckle up. Now I want you to put on your shoulder harness."
Referencing the current Titanium PowerBook, Macworld 2003	"The number one lust object."
Describing the new seventeen-inch PowerBook, Macworld 2003	"It's stunning. It is the most incredible product we have ever made. Look at that screen. It's amazing. Look at how thin it is. Isn't that incredible? When it's closed, it's only one inch think. It's beautiful, too. This is clearly the most advanced notebook computer ever made on the planet. Our competitors haven't even caught up with what we introduced two years ago; I don't know what they're going to do about this."
Jobs's description of the original Macintosh	"Insanely great."
Persuading PepsiCo president John Sculley to become Apple's CEO	"Do you want to spend the rest of your life selling sugared water or do you want a chance to change the world?"
Quote in *Triumph of the Nerds*	"We're here to put a dent in the universe."
Discussing CEO Gil Amelio's reign at Apple	"The products suck! There's no sex in them anymore!"
Jobs creating a new word for the launch of a new iPod, September 2008	"iPod Touch is the funnest iPod we've ever created."
Unveiling the first seventeen-inch notebook computer, January 7, 2003	"A giant leap beyond PC notebooks. Miraculously engineered."

（中文表格见正文P124~125）

TABLE 12.1　JOBS'S GREAT DEMO AT THE 2008 WWDC

STEVE'S WORDS	STEVE'S SLIDES
"Why do you want 3G? Well, you want it for faster data downloads. And there's nowhere you want faster data downloads than the browser and downloading e-mail attachments."	Photographs of two icons: one represents the Internet, and the second represents e-mail
"So, let's take a look at the browser. We've taken an iPhone 3G and, at the same place and same location, we've downloaded a website on the EDGE network and one using 3G."	Animated image of two iPhones loading a website simultaneously: the same National Geographic website begins loading on each; the left iPhone is on the EDGE network, and the one on the right is using the new iPhone 3G network
"Let's see how we do." [Jobs remains silent as both images continue to load on the screen; it's a site with a lot of images and a complex layout]	Website loading on both iPhone images
"Twenty-one seconds on 3G; [waits silently for an additional thirty seconds, crossing his hands in front of his body, smiling, watching the audience—elicits laughs] fifty-nine seconds on EDGE. Same phone, same location: 3G is 2.8 times faster. It's approaching Wi-Fi speeds. It's amazingly zippy!"	3G site has completely loaded, while EDGE phone is still loading

（中文表格见正文P143）

TABLE 13.1　EXCERPT FROM JOBS'S MACWORLD 2007 PRESENTATION

STEVE'S WORDS	STEVE'S SLIDES
"This is a day I've been looking forward to for two and a half years. Every once in a while, a revolutionary product comes along that changes everything. One is very fortunate if you get to work on just one of these in your career. Apple has been very fortunate. It's been able to introduce a few of these into the world."	Image of Apple logo
"In 1984, we introduced the Macintosh. It didn't just change Apple; it changed the whole computer industry."	Full-screen photo of Macintosh; the date "1984" appears at the upper left next to the image
"In 2001, we introduced the first iPod. It didn't just change the way we all listen to music; it changed the entire music industry."	Full-screen photo of the original iPod; the date "2001" appears at the upper left
"Well, today we are introducing three revolutionary products of this class."	Back to image of Apple logo
"The first one is a wide-screen iPod with touch controls."	Only image on slide is an artistic rendering of iPod; words beneath the image: "Widescreen iPod with touch controls"
"The second is a revolutionary mobile phone."	Single artistic rendering of a phone, with the words "Revolutionary mobile phone"
"And the third is a breakthrough Internet communications device."	Single rendering of a compass, with the words "Breakthrough Internet communicator"

乔布斯的魔力演讲
The Presentation Secrets of Steve Jobs

STEVE'S WORDS	STEVE'S SLIDES
"So, three things: a wide-screen iPod with touch controls, a revolutionary mobile phone, and a breakthrough Internet communications device."	The three images appear on the same slide, with the words "iPod, Phone, Internet"
"An iPod, a phone, and an Internet communicator. An iPod, a phone—are you getting it? These are not three separate devices."	Three images rotate
"This is one device, and we are calling it iPhone."	Text only, centered on slide: "iPhone"
"Today Apple is going to reinvent the phone!"	Text only: "Apple reinvents the phone"
"And here it is." [laughter]	A gag image appears: it's a photo of iPod, but instead of a scroll wheel, an artist had put an old-fashioned rotary dial on the MP3 player

（中文表格见正文P160~161）

附录

TABLE 14.1 JOBS'S MACWORLD 2003 PRESENTATION

STEVE'S WORDS	STEVE'S GESTURES
"Two years ago, we introduced a *landmark product* for Apple. The Titanium PowerBook *instantly* became the best notebook in the industry. The number *one lust object*."	Raises index finger
"Every review said so."	Pulls hands apart, palms up
"And you know what? Nobody has caught up with it in *two years*."	Holds up two fingers on right hand
"Almost every reviewer today *still* says it is the number one notebook in the industry. No one is even *close*."	Chops air with left hand
"This is important for Apple because we believe that someday *notebooks* are even going to outsell *desktops* . . . We want to replace even *more* desktops with notebooks."	Makes an expansive gesture with both hands
"So, how do we do this? What's next? Well, the Titanium PowerBook is a milestone product, and it's not going away. But we're going to step it up a notch to attract even *more* people from a desktop to a notebook."	Gestures, moving hand in a broad stroke from right to left
"And how do we do that? We do that with *this*."	Pauses
"The new *seventeen-inch PowerBook*. A seventeen-inch landscape screen."	Another expansive gesture, hands pulled apart, palms up
"It's *stunning*."	Pauses
"And when you close it, it is only *one inch* thick."	Makes thin gesture with left hand
"The *thinnest* PowerBook *ever*. Let me go ahead and show you one. I happen to have one right here."	Walks to stage right while maintaining eye contact with audience

243

乔布斯的魔力演讲
The Presentation Secrets of Steve Jobs

STEVE'S WORDS	STEVE'S GESTURES
"It is the most incredible product we have ever made."	Picks up computer and opens it
"The new seventeen-inch PowerBook. It's amazing. Look at that screen."	Holds up computer to show screen
"Look at how *thin* it is. Isn't it incredible? It's beautiful, too."	Shuts computer and holds it up
"This is clearly the most advanced notebook computer ever made *on the planet*. Our competitors haven't even caught up with what we introduced two years ago; I don't know what they're going to do about *this*."	Smiles and looks directly at audience

（中文表格见正文 P173~174）

TABLE 14.2 JOBS'S 2007 iPHONE PRESENTATION

STEVE'S WORDS	STEVE'S DELIVERY
"This is a day I've been looking forward to for two and a half years."	Pause
"Every once in a while, a revolutionary product comes along that *changes everything*."	Pause
"Apple has been very fortunate. It's been able to introduce a few of these into the world. In 1984, we introduced *Macintosh*. It didn't just change Apple; it changed the whole computer industry."	Pause
"In 2001, we introduced the first *iPod*."	Pause
"It didn't just change the way we all listen to music; it changed the entire *music* industry."	Pause
"Well, today we're introducing *three* revolutionary products of this class. The *first* one"	Pause
"is a wide-screen iPod with touch controls. The *second*"	Pause
"is a *revolutionary mobile phone*."	Voice grows louder
"And the *third*"	Pause
"is a *breakthrough* Internet communications device. So, three things: a wide-screen iPod with touch controls, a revolutionary mobile phone, and a breakthrough Internet communications device."	Pause
"An iPod, a phone, and an Internet communciator."	Voice grows louder
"An iPod, a phone—are you getting it?"	Speaks faster, voice grows louder
"These are not three separate devices. This is *one* device,"	Voice grows louder still
"and we are calling it *iPhone*."	Voice gets even louder
"Today Apple is going to *reinvent* the *phone*!"	Loudest volume of the presentation

（中文表格见正文 P179~180）

TABLE 14.3 EXCERPT FROM JOBS INTRODUCING THE iPOD, WITH DELIVERY NOTES

STEVE'S WORDS	STEVE'S DELIVERY
"Now, you might be saying, 'This is cool, but I've got a hard disk in my portable computer, my iBook. I'm running iTunes. I'm really happy. I don't get ten hours of battery life on my iBook, but iBook has better battery life than any other consumer portable.'"	Slows down rate of speech
"'So, what's so special about iPod here?'"	Pauses and lowers volume
"It's ultraportable. An iBook is portable, but this is *ultra*portable. Let me show you what I mean."	Speeds up rate of speech
"iPod is the size of a deck of cards. It is 2.4 inches wide. It is four inches tall. And barely three-quarters of an inch thick. This is tiny. It also only weighs 6.5 ounces, lighter than most of the cell phones you have in your pockets right now. This is what's so remarkable about iPod."	Slows down and lowers voice
"It is ultraportable."	Almost at a whisper

（中文表格见正文 P182）

TABLE 17.1 ONE THEME PER SLIDE AT JOBS'S MACWORLD 2008 PRESENTATION

STEVE'S WORDS	STEVE'S SLIDES
"It's the world's thinnest notebook."	Text only: "World's thinnest notebook"
"Open it up and it has a magnetic latch; no hooks to catch on your clothing."	Photo of computer with the words "Magnetic latch" on left side of screen
"It's a got a full-size, 13.3-inch wide-screen display."	Photo of computer with the words "13.3 inch widescreen" in the middle of a black display
"The display is gorgeous. It has an LED-backlit display. It saves power, it's bright, and it's instant on the minute you open it."	Photo of computer with the words "LED backlight " on left side of screen
"On top of the display is a built-in iSight camera for videoconferencing right out of the box."	Photo of computer fades, revealing iSight camera on top of display
"Flip it down and there is a full-size keyboard. This is perhaps the best notebook keyboard we've ever shipped. It's a phenomenal keyboard."	Photo of keyboard with the words "Full size keyboard" on left side of screen
"We've got a very generous track pad, which is great. We've also built in multi-touch gesture support."	Photo of computer's track pad with the words "Multi-touch gestures" on left side of screen
"Again, you can see how beautiful and thin this product is. Now, how did we fit a Mac in here? I'm still stunned that our engineering team could pull this off."	Photo of computer from its side with the words "How did we fit a Mac in here?"
"The real magic is in the electronics. This is a complete Mac on a board. What's so special about that? This is how big the board is [does not mention pencil; let's the visual speak for itself]. It's really tiny. To fit an entire Mac on this thing was an amazing feat of engineering."	Photo of motherboard with image of a pencil alongside it—the board is smaller than the length of the pencil
"We didn't compromise on performance. MacBook Air has the Intel Core 2 Duo. This is a really speedy processor . . . a 'screamer.'"	Photo of Intel Core 2 Duo microprocessor

（中文表格见正文P207）

247

乔布斯的魔力演讲
The Presentation Secrets of Steve Jobs

TABLE 17.2 APPLYING THE FIVE-STEP METHOD TO TOSSING THE SCRIPT

STEP	PRESENTATION SCRIPT
1	How much your investment costs is very important and could have an impact on how much money you make over the long run. In general, the lower the cost, the more you keep. Many investment firms say they are low cost, but the fact is they charge six times more than we do. This can cost you thousands of dollars. For example, if you invest $10,000 for twenty years at an 8 percent return, you would keep $58,000 more with our fund versus the industry average.
2	Your *investment costs* are very *important* and could have an impact on how much money you make over the long run. In general, *the lower the cost, the more you keep*. Many investment firms say they are low cost, but the fact is they charge *six times more* than we do. This can cost you thousands of dollars. For example, if you invest $10,000 for twenty years at an 8 percent return, you would *keep $58,000 more* with our fund versus the industry average.
3	Investment costs important Lower the cost, the more you keep Six times more Keep $58,000 more
4	The lower the cost, the more you keep.
5	Rehearse presentation with no notes. The slide of two water glasses—one empty, one full—should be enough to prompt you to deliver the information: the four bullets in step 3.

（中文表格见正文P209）